智元微库
OPEN MIND

成长也是一种美好

长不大的父母

如何终止家庭创伤

〔日〕加藤谛三 —— 著

许源源 —— 译

人民邮电出版社

北京

图书在版编目（CIP）数据

长不大的父母：如何终止家庭创伤 ／（日）加藤谛
三著；许源源译. -- 北京 ：人民邮电出版社，2021.2（2023.7重印）
ISBN 978-7-115-55508-3

Ⅰ．①长… Ⅱ．①加… ②许… Ⅲ．①亲子教育
Ⅳ．①G781

中国版本图书馆CIP数据核字（2020）第240402号

◆ 著　　　　［日］加藤谛三
　　译　　　　许源源
　　责任编辑　张渝涓
　　责任印制　周昇亮
◆ 人民邮电出版社出版发行　　北京市丰台区成寿寺路 11 号
　　邮编 100164　　电子邮件 315@ptpress.com.cn
　　网址 https://www.ptpress.com.cn
　　天津千鹤文化传播有限公司印刷
◆ 开本：880×1230　1/32
　　印张：6.75　　　　　　　　　　　　　2021 年 2 月第 1 版
　　字数：120 千字　　　　　　　　　2023 年 7 月天津第 11 次印刷
　　著作权合同登记号　图字：01-2020-4670 号

定　价：49.80 元

读者服务热线：（010）81055522　印装质量热线：（010）81055316
反盗版热线：（010）81055315
广告经营许可证：京东市监广登字 20170147 号

前言

著名的儿童心理学家约翰·鲍比（John Bowlby）[①]曾提出"亲子角色颠倒"这一概念。

所谓"亲子角色颠倒"指的是父母向孩子撒娇的行为。在正常情况下，孩子向父母撒娇才合乎情理。因此，撒娇这一行为的主体和对象颠倒时，就叫作"亲子角色颠倒"。

孩子撒娇时，父母理应满足孩子的需求，可在"亲子角色颠

[①] 英国发展心理学家，从事精神疾病研究及精神分析的工作。他最著名的理论为在1950年提出的依恋理论。——译者注

倒"的情况下，反而是孩子被迫承担起了满足父母需求的职责。

听孩子讲自己得意的事情，是育儿过程中非常重要的一环。但有时候，孩子反倒不得不听父母自吹自擂，还要赞叹附和道："爸爸（妈妈）好厉害呀！"这就是一个"亲子角色颠倒"的例子，这些父母其实是在向孩子撒娇。

孩子听完父母的一番自吹自擂后，还要负责夸奖他们，这对一个孩子而言绝非易事，但这就是"亲子角色颠倒"的常态。

比如，一位母亲做好了饭菜。

如果孩子不说"哇！好好吃"，母亲就会心生不满。

再比如，父亲买了一辆车。

如果孩子不说"哇！好酷呀"，父亲就会心生不满。

换言之，原本父母的爱对孩子而言是不可或缺的，但"亲子角色颠倒"的情况却是父母向孩子索要这份"不可或缺的爱"。

这种情况与其说孩子没有得到爱，不如说父母在榨取孩子身上的爱。

试问，颠倒亲子角色的父母怎么可能养好孩子呢？他们育儿失败，孩子成日惹是生非。于是，这些颠倒了亲子角色的父母就开始为自己辩解："我每天都会亲自给孩子做饭。"

"亲子角色颠倒"最大的问题之一就在于，父母自认为自己是称职的父母。

这是因为他们认为，父母与孩子融为一体就是最理想的状态。但问题是，不是孩子在寻求与父母融为一体，而是父母在寻求与孩子融为一体。

父母并没有察觉自己寻求与孩子融为一体这一心理背后暗藏的焦虑，而其实这种焦虑就是约翰·鲍比所说的焦虑型依恋。他们并没有意识到这背后暗藏着他们想对孩子撒娇、想控制孩子的欲望。

颠倒亲子角色的父母会跟孩子一起做自己小时候想和父母做的事。他们把对爱的饥渴感全部投射到孩子身上。比如，有的人小时候一直希望可以全家人一起旅行，但总是去不成，他们为人父母后，就会带着孩子一起旅行。也就是说，这样的父母其实是在利用经济上、肉体上、心理上尚无法自立的孩子来疗愈自己"过往的心伤"。孩子俨然成了父母的"布偶玩具"。

颠倒亲子角色的父母把他们的孩子当成了一个"摇篮"。因为在孩童时期，他们的父母没有好好地为他们"摇摇篮"。于是他们便希望孩子满足自己的需求。要求孩子为自己"摇摇篮"，就是"亲子角色颠倒"的体现。

而且"亲子角色颠倒"的现象有一个特征，那就是问题的本质都被掩藏起来了。"亲子角色颠倒"其实就是父母出于自己潜意识的需求进行育儿的行为。这会使孩子沦为帮助父母解决自己内心冲突的工具。这样的成长环境显然对孩子而言并不理想。

向有母性的母亲寻求爱，是人的基本需求。如果一个人在这一基本需求没有得到满足的情况下就成了别人的父母，那么就容易出现颠倒亲子角色的问题。对颠倒亲子角色的父母而言，孩子反倒成了他们的"父母"。就像孩子依恋母亲一样，他们依恋着自己的孩子。

那些自恋的人即便结婚生子了，其"幼儿式愿望"也不会消失。为人父母后，他们就会利用亲子关系满足自己的幼儿式愿望。他们会通过亲子关系满足自己的自恋情结。换句话说，如果孩子认同、夸奖或者亲近除了父母（也就是他们自己）以外的人，他们就会受伤。这就是约翰·鲍比所说的"亲子角色颠倒"。

　　如果父母的幼儿式愿望没有得到满足，他们就会向孩子撒娇。如果孩子夸奖了父母以外的人，他们就会受伤或发火儿，不能发火儿的时候就会闹别扭。这就是父母心情不好的表现。

　　孩子撒娇，父母满足孩子诉求的角色分工却被颠倒了，变成了孩子不得不去满足父母的诉求。

　　为人父母者，首先要学会体谅孩子的心情。有时候，孩子即便觉得很难受，只要父母可以体谅自己的心情，他们就会感到安心，从而放松自己的心情，进而振作起来。但在"亲子角色颠倒"的情况下，父母却希望孩子能够体谅自己的心情。

　　依赖心理强的父母内心总会带有一些冲突，但他们又无法直面那些冲突，换言之就是无法直面现实。"亲子角色颠倒"其实就是父母把孩子牵扯进自己内心冲突的一种现象。

　　如果你被卷进了一起案件中，那么警察会来解救你；但如果你被卷进了他人内心的冲突，那真是叫天天不应，叫地地不灵。

　　所有颠倒亲子角色的父母都在"攻击"自己的孩子。

　　他们虽然建好了房子，却不想让任何人走进他们的家；虽然有自己的房子，却没有能与其组成共同体的家人。

目录

▶ 第一章　亲子角色互换之时

ONE

1.1 父母的职责

为人父母的意思是，你已经成为一个懂得给予他人快乐的人，而不是一味地向对方索取的人。你要做的不是要求孩子为你当牛做马，而是当孩子任性地向你提出要求时，可以尽力满足他们。能够站在这一立场上行事的人，才能胜任父母一职。

父母要做的是满足孩子"还想再多玩一会儿"的要求，而不是跟孩子说"我还想再多玩一会儿"。自己不但不能玩，还要在工作之余满足孩子玩耍的愿望，这才是父母应有的立场。

许多人其实在心理层面上还无法成为一名合格的父亲或母亲。但在现实中，这些人却结了婚，在肉体上成了他人的父母。既然为人父母，那就不得不承担这个社会赋予父母的职责。

实际上，当代家长中的许多人一直在潜意识里呐喊着："我不要当爸爸""我不要当妈妈""我还想接着当个小孩"。

然而现实无视了他们的呐喊声，孩子和社会都在迫使他们承担起父母的职责。

同时，大多数人也听不见自己心底的呐喊声，即使听见了，他们也置若罔闻。他们不理解自己，也没有意识到自己存在问题。他们在心理层面上还没有为人父母的资格，所以他们才会对孩子的言行不满，才会因育儿患上神经症[①]。

他们不去反省自己，反而把责任推卸给周围的世界。

小时候没有被爱过的人，即便长大成人，身上也还是残留着种种幼稚的欲望，总是想任性撒娇、为所欲为，想让地球围着自己转，想受到万众瞩目，想忘却时间痛快玩耍。

这些强烈的欲望都是人类与生俱来的，因此可以说任性的习

---

① 一组精神障碍的总称，包括神经衰弱、强迫、焦虑、恐惧、躯体形式障碍等，使患者深感痛苦且妨碍患者的心理功能和社会功能，但没有任何可证实的器质性病理基础。——译者注

气早就渗透进了一些人的骨髓。

如果一个人在小时候没有得到足够的爱，那么即使他长大成人，身上的幼儿属性也不会消失，还是跟儿时那个任性妄为的小孩一样。

如果一个人小时候没有玩够，玩耍的欲望就不会从他们身上消失。

如果一个人既没有得到充分的爱和严格的教育，也没有玩够，那么即使他已经在肉体和社会层面上长大成人，但从心理层面来看，他还是那个不懂承担责任的小孩，他的内心依旧是一个爱撒娇、缺乏责任感且依赖心理极强的小孩，只不过被一层叫作"大人"的包装纸裹起来了而已。

当这样的"小孩"成了别人的父亲、母亲，即使告诉他们"要学会享受生活的快乐和给予的快乐"，他们也做不到，因此他们育儿不顺也在情理之中。

不过，育儿成功的人也没有资格因此得意，并谴责其他家长。在指责那些育儿失败的人之前，应该先感谢自己幸福的过往。

但也不是说育儿失败的人就能心安理得。他们应该好好反省自己为什么没有为人父母的资格。

如果有人 12 岁就结婚当了爸爸，那身边的人会怎么说呢？他们会说："真可怜，明明现在是最想玩的时候。"他们会说："对他来说，父亲这个担子太重了。"然而，现实中有许多父母的心理年龄根本没有 12 岁，甚至连 6 岁都不到。

肉体年龄或社会年龄是可见的，但心理年龄是不可见的。这就是问题所在。一个人的肉体年龄到了 35 岁并不代表他想像孩子一样玩耍的阶段就结束了。而往往只有这个阶段已经结束的人才能过得幸福美满，而没有结束的人则成日满腹牢骚、怨天尤人。

还有的小孩从 5 岁时就开始照顾父母的心理感受，这已经不只是父母的"想玩的阶段"还没结束，这就是"亲子角色颠倒"的表现。

我曾在一家礼品店买到几张信纸，上面印着一首叫作《在我成长的路上》（*As I grow*）的诗。

其中有一句写道："请您多多关心我，陪我共度美好的时光。这样我才能相信自己是一个重要的人、一个有价值的人。（Pay attention to me, and spend time with me. Then I can believe that I am important and worthwhile. ）"这是一首孩子写给父母的诗，但其实它也说出了许多情绪不成熟的父母的心声。由于小时候父母没有回应他们的诉求，他们至今还在心灵深处一遍又一遍地呐喊着同样的诉求。一个人要在心底呐喊自己的诉求，同时又要倾听孩子的呐喊，这绝非易事。

他们就算被人谴责没有为人父母的资格，也无言反驳。因为他们确实没有资格，也没有身为父母的责任感。如果他们不直面现实并踏出改变的第一步，就无法让孩子茁壮成长，更无法实现自我成长。

当育儿不顺时，父母能采取的最有效的解决方法就是承认自己有多幼稚。拒绝承认自己"不是一个优秀的父母"的人是最糟糕的。毕竟，只要他们勇敢地承认自己"不是优秀的父母"，就至少能避免沦为最糟糕的父母。

当然，承认了自己的幼稚，你也不能得理不饶人，也不是要让你谴责自己是"一个一无是处的父母"，更不是要让你为此唉声叹气、陷入绝望或者博取他人的同情，你只需要承认这一点即可。然后在此基础上再进行下一步。

　　如果父母拒绝承认自己的幼稚，那他们总会不可避免地责备孩子。颠倒亲子角色的父母总是会为亲子关系中的问题寻找借口，他们会对孩子说："这都是因为你是一个没用的孩子。"

1.2　无法认同自己

为了变得幸福，我们需要磨炼自己。所谓磨炼自己，就是尽管自己现在的模样还不尽如人意，但还是要继续努力。从亲子关系的角度看就是——尽管自己现在是很幼稚的爸爸或妈妈，但该努力还是要努力。唯有这样才能构筑起积极的亲子关系。

这不仅适用于亲子关系，还适用于朋友关系。如果你是一个不愿与人交心的人，而你又不努力改变自己，再温柔的朋友也会离你而去。因为朋友也会感到寂寞，他们也渴望与人进行心灵层面的交流。

人如果无法认同自己最真实的模样，便无法获得幸福。幸福就是学会爱上真实的自己。真实的自己包括一个人的相貌、能力和认知。人如果能接纳"真实的自己"，那他便是幸福的，即使他面对失败也无惧无畏。如果能做到这一点，那么他在人际交往中也可以做到与人坦诚相待、直言不讳。

有时候，人们即使对对方心怀不满，也不会说出自己的真心话。而人一旦开始对自己和他人都不吐露真心，那幸福便会离他越来越远。

无论一个人多么富有，社会地位多么崇高，只要他没有一个可以吐露真心的对象，那他就是不幸的。

别勉强自己，告诉自己"现在的我就挺好的"，才能把幸福召唤到自己身边。一个人能否在社会上获得成功或许取决于他的能力，但一个人能否获得幸福则取决于他有没有不勉强自己的心态，取决于他能否告诉自己"现在的我就挺好"。

如果幸福的生活能够延续下去，那他的未来一定是充满活力的。

认同自己、认同对方，这就是幸福。成功是一个人的生活习惯日积月累的结果，幸福源于"如此便足矣"的心态。如果一个人没有这种心态，一直纠结于"凭什么他拥有那么多，而我却……"，就会陷入不幸。人一旦感到满足，心态就会变得柔和，所以贪婪而不知足的人往往不够温柔。

那些满腹怨言的父母不论对自己还是对孩子，都缺少"如此便足矣"的心态。有的家庭甚至因为父母不肯对孩子放手导致孩子无法上学。约翰·鲍比曾对这样的家庭做过调查，他在介绍调查报告时有如下表述。

"从呈现这种家庭形态的案例当中，我们不难发现，父母本身往往对其依恋对象的有效性感到非常担忧，他们在潜意识里希望孩子能扮演父母的角色，而自己则负责扮演孩子的角色，他们将正常的亲子关系颠倒了过来。父母期望孩子爱他们，他们要求孩子关爱、抚慰他们。这种亲子角色颠倒的问题通常不易察觉。案例中的母亲们会强调正因为孩子还小，才需要得到特殊的照顾和保护，她们的孩子只是在接受这种照顾和保护而已。在处理家庭问题方面经验尚浅的临床心理医生也会认为：正因为孩子们提出的任性要求每次都能得到满足，'一直被家长娇惯着'，所以他们才会出问题。"

1.3　无法得到满足的基本需求

人都有向有母性的人寻求爱的基本需求。

如果一个人在这一基本需求没有得到满足的情况下就成了别人的父母，那么他就很可能利用自己与孩子的关系来满足这一基本需求。也就是说，这样的父母会与孩子颠倒亲子角色。

如果父母对孩子过度干涉，孩子会心生恨意；而如果父母对孩子不闻不问，孩子则会对爱产生饥渴感。

最糟糕的情况是母亲对孩子不闻不问，父亲又对孩子过度干涉。在这种环境下，不会得神经症的孩子才让人匪夷所思。正常人在这种环境里生活也非常容易变成神经症患者。

神经症的心理症状就是心怀恨意与对爱饥渴，换个说法就是"恨与空虚感"。这是一种被称为自我疏离①的心理状态，同时也是抑郁症的症状之一。

如果一个人的基本需求没有得到满足，那么他会因对爱的饥渴而感到痛苦也是人之常情。但在现实生活中，即便他们试图从自己的母亲身上寻求最基本的爱，也不能如愿以偿。

无论如何，他们必须先填补自己对爱的饥渴感，所以他们会不断追求名望、金钱或者权力以获得补偿性满足。

于是有人便博取名望，用名望来弥补自己缺失的母爱，从而获得补偿性满足。因为只要有名望，他就能受到瞩目。这就是强迫症式的追求名望的行为。就算你对他们说"不要为了追求名望损害了自己的健康"也无济于事。对于他们而言，追求名望是他们潜意识里认为必须做的事情。

大家都懂得仅靠钱无法变得幸福的道理。但对爱饥渴的人不

---

① 也称自我排异、自我失和，指本我的欲望和冲动不被自我接纳的内在不和谐状态。——译者注

惜搞垮身体也要赚钱，这是因为没有得到足够母爱的他们可以通过金钱获得补偿性满足。

就如亚伯拉罕·哈罗德·马斯洛（Abraham Harold Maslow）[①]所言，基本需求必须先于其他需求得到满足。

基本需求得到满足的人和得不到满足的人之间，在生活方式上会出现根本性的差异，而且二者往往难以互相理解。

对爱饥渴却得不到满足的人，会通过补偿性满足或者其他方式，不择手段地优先满足自己对爱的饥渴感。

一般人非常难以理解他们的各种言行。比如一般人会认为"明明已经衣食无忧了，为什么要那么焦虑，那么勉强自己""为什么要勉强自己对那种人那么好"等。

为了满足自己的基本需求，对爱饥渴的人只能选择补偿性满足。不管对方是谁，只要喜欢自己就好，他们并不是要博得某个特定的人的喜爱，他们想博得所有人的爱。

[①]　美国社会心理学家、比较心理学家，人本主义心理学的主要创建者之一，曾提出"马斯洛需求层次理论"。——译者注

他们之所以希望得到所有人的爱，就是因为对爱的饥渴感过于强烈。而基本需求已经得到满足的人则无法理解，他们为何要那般勉强自己得到一个不真诚的人的爱。

其实，他们真正想要博得喜爱的对象另有其人，但他们深知自己无法从那个人身上获得爱，所以他们对那个人怀有恨意。一个怀有恨意的人根本无法直接、坦率地追求爱。

他们如果无法得到能给自己带来补偿性满足的事物，比如金钱、名望等，那么便会尝试从身边的某个人身上寻求补偿性满足。

比如，基本需求得不到满足的男性，会从配偶身上寻求补偿性满足，把自己的配偶当作代理妈妈。假设他不能如愿以偿，无法从财富、名望，还有配偶身上得到补偿性满足，"财富、名望、爱情都成了遥远的憧憬"，自己也没有勇气背井离乡，那对他而言，能满足自己基本需求的就只剩下孩子了。

那些颠倒亲子角色的父母为了存活于世而拼尽全力。他们始终依恋着孩子，仿佛离开了孩子就只有死路一条，他们并不关心孩子是死是活，因为他们自己正站在命悬一线的悬崖边上。

有的人一直生活在基本需求没有得到满足的状态下，他们永远在尝试满足自己在过去未能得到满足的需求，因而无法活在当下。

　　这样的人就好比从东京搭乘新干线南下到了滨松，不去吃当地的鳗鱼，反倒说"我想吃横滨的烧卖"；到了名古屋，不去吃棋子面，反倒说"我想吃滨松的鳗鱼"一样。就像有的人在秋天的时候不去欣赏红叶，反而嚷嚷着怀念夏日的大海、好想去游泳一样。

　　因为过去的需求得不到满足，所以他们一直执着于满足那个需求。这也是为什么他们会那么焦虑，为什么他们一直在跟时间赛跑。岁月如梭，时不我待，他们总是非常焦虑地告诉自己要更快一点。对他们而言，跟时间赛跑才是常态。

　　他们虽然想回到过去，但事到如今已无计可施。所以他们只能毫无意义地焦虑着。

016 長不大的父母
如何終止家庭創傷

1.4 被压抑的恨意

父母也是人，因此所谓"理想的父母"几乎不存在。这世上"亲子角色颠倒"的案例形形色色。有的案例让人觉得"这种问题微不足道，当爸妈的都会遇到"，甚至会感同身受，也有的让闻者无不惊呼难以置信，骇人听闻。

人们总倾向于把亲子关系当作一种理想的人际关系，而且认为亲子关系必须是一种理想的人际关系，尤其会把母爱推崇成一种无偿的爱。

对带有这种想法的人而言，本书列举的案例大多数是"难以置信、骇人听闻"的。书中出现的主要案例确实有些骇人听闻，但都是真实存在的案例。

　　为了能更好地理解那些情节严重的案例，让我们先从程度尚浅的案例开始看起。

　　比如，约翰·鲍比曾在书中有如下表述。

　　"我们可以看出，虽然一开始看起来是约翰黏着父亲，但不久之后就变成了父亲希望约翰能多多陪伴自己。在我们进行分析的过程中，这位父亲开始意识到，就像他利用孩子处理内心的恐惧一样，他的父亲也曾对他这么做过。"

　　接下来，我想先给大家举一个实例证明父母确实会对孩子撒娇。

　　让我们借这个例子，从父母情绪变化的视角来看看，一个普通家庭是如何走向"亲子角色颠倒"的。换言之，这也是一个讲述父母对孩子撒娇过程的例子。

　　曾经有一位 55 岁的母亲来向我咨询大女儿叛逆的问题，她的女儿已经 21 岁在上大学了。

　　这位母亲说，大女儿从小到初中一直都是个"好孩子"。但一

　　上了大学，女儿就开始和她吵架。如果她严厉地责问女儿："为什么老是摆着一张臭脸？"女儿就会顶嘴说："我可不会笑脸相迎。"这位母亲说："都是因为我说话的方式不对。"这其实是一种自我贬低的说辞，实际上她是把原本针对女儿的攻击性发泄到了自己身上。她说现在开心的事变得越来越少，就算在家里也会刻意避免跟大女儿碰面。她提道："如果我在饭厅的时候她也来饭厅吃饭，我就会离开饭厅。"

　　这位母亲不肯让女儿进入自己伸手可及的范围内。而她的丈夫只会血口喷人，辱骂自己的妻子："你要意识到自己是一个多么一无是处的女人，就算你在寒冬里被活活冻死也死不足惜。"

　　听到丈夫的辱骂，这位母亲的第一反应竟是贬低自己，认同自己是一个糟糕到可以被丈夫这样辱骂的人，还将这位非常过分的丈夫称为"温和的人"。其实这是一种置换攻击对象的表现，实际上她恨的是自己的丈夫，她原本的攻击对象是丈夫而不是自己。

　　这位母亲接着说道："我老公的出身跟我不一样，我们是不同的人。"

　　她一出生父母就不在身边。她就像一颗皮球一样被踢来踢去，辗转各个亲戚家里，不管在谁家都免不了挨打，有时甚至一直被打到晚上该睡觉的时候对方才肯罢休。

她说有人会在她上厕所的时候突然开门，甚至她洗澡的时候也会有人突然开门，她特别讨厌别人这样欺负她。18 岁那年她终于离开了亲戚家。

但即便如此她依旧会置换攻击对象，把攻击性发泄在自己身上，贬低自己。她解释道："都是因为我太任性了。"她还否定自己说："我觉得我是一个不懂得感恩的人。"

她曾经被寄养在爷爷家，爷爷是一个非常严厉的人。那时候她一直被爷爷训斥："都是你的错。"甚至连走路走得快也要挨一顿毒打。

她曾因为吃梨被骂，因为多吃了几口腌菜被骂，那时候的她非常痛苦却不知如何是好。跟大人们一起吃饭时，她总会忍不住看几眼腌菜。爷爷家里住的都是大人，她说："大人们总说我很任性。"

不仅如此，她的奶奶还一直对她强调："你就是一个被爸妈抛弃的人。"她对我说："我变成了一个多余的人。"

小时候，她身边的人都不讲道理，就算她没犯错也会骂她。

有一天她忽然意识到："我被父母抛弃，我才是那个最孤单的人，为什么他们还要骂我呢？"谁也不曾安慰她说："你一定觉得很孤单吧！"

这位咨询者身边的人时常向她传递出一种毁灭性的信息——"你不在更好"。久而久之，她便形成了这样一种自我印象——"对别人而言，我就是一个麻烦"。

后来她终于离开了爷爷家，开始独自生活。那时，她被来势汹汹的孤独感压倒，心中的恨意便不见踪影了。如果心中的"孤独"和"恨意"只能排解其中一种，人们往往会选择"排解孤独"。但因为在她的脑海里一直充斥着"我是一个被抛弃的人"的想法，所以"排解孤独"这种生活方式本身对她而言就充满了孤独的色彩，她选择忘却心中的恨意。若非如此，她便会意识到，自己和世上任何一个人都没有情感联系。

她曾经跟朋友说过自己非常讨厌那些养育自己的亲戚，朋友却这么回应她："人家好歹也把你拉扯大了，你怎么能这么说！"

后来有一天，她心血来潮"想去爬一座没爬过的高山"，就出门了。在那里她遇到了现在的丈夫，不久他们便结婚了。

婚后的她对自己的母亲恨得咬牙切齿，因为结婚之后，她的孤独感得到了部分治愈，所以一直以来被压抑在心底的恨意便突然喷涌而出。

这么多年来她一直压抑着自己的撒娇欲，而结婚让这一欲望爆发出来。过去的她因为内心充满孤独所以想与人亲近，害怕自己意识到心中的恨意。因为想与人产生情感联系，她就必须一直压抑心中的恨意。结婚之后，她内心的孤独感得到了前所未有的缓解，于是人类自有的撒娇欲便冒了出来。因孤独而被压抑的恨意也开始浮现。

如果把人的恨意比作腌菜，那么孤独就是腌菜上压着的那块石头。①

后来她的母亲改嫁并生了三个女儿后又离婚了。她说："我现在觉得我妈也是一个可怜人。"

---

① 腌菜时，人们有时会在腌菜上压上石头，以让腌菜更加紧实，完全浸入盐水。——编者注

1.5　撒娇的过程

如上文所述，这位母亲想咨询的问题是"如何改善自己和大女儿之间的关系"。这是她所意识到的表面的问题。

有一次，她给大女儿做了便当。女儿出门的时候，说了一句"便当我带走了啊"。这句话竟让她勃然大怒，因为她觉得女儿这么说"很无情"。

这位母亲就像火山爆发一般质问她的女儿："为什么要这么说话？"

打个比方，一个孩子把手弄脏了。他对爷爷说："帮我洗洗手吧！"爷爷没搭理他。于是他又说了一遍："爷爷帮我洗手吧！"

爷爷便说："不用洗了，反正你的手本来就很脏。"孩子只好说："好吧！"他无法对爷爷撒娇。

这位来咨询的母亲就是这样长大的。

然而，当孩子发现"这个'妈妈'会关心我"时，他就会一直说"帮我洗洗，帮我洗洗嘛"。人一旦找到一个让他觉得"这个人会帮我"的撒娇对象，就会向对方提出各种要求。他对那个人的态度和对待别人的态度截然不同，在这个人面前他就会化身成"狼"，而在其他人面前却依旧是"小绵羊"。

比如，这位母亲会对女儿说："把房间清理干净。"对她来说，女儿成了妈妈。人在最懂自己的人面前会变得异常任性。即使对方是自己的女儿或者儿子，也会将其当作心理上的母亲或父亲。

虽然他们说出口的话对女儿或者儿子而言是一种攻击，但那些话的意思其实是"'爸爸妈妈'你们怎么可以做这么过分的事"。

这位咨询者希望心理上的"母亲"（大女儿）亲近自己，她不停地对"母亲"说一些任性的话。其实她是在跟女儿闹别扭，向女儿撒娇，这就是"亲子角色颠倒"。

这位母亲给女儿做好饭菜之后，就进了自己的房间。她之所以进房间，是因为她想对女儿撒娇却无法撒娇，她在闹别扭。她希望女儿在她进房间之后，能来问她一句："妈，你怎么了？"一直以来谁都不曾对她这么做过。

这位咨询者把自己在幼儿期想对父母做的事，都对女儿做了一遍。

对此，她的女儿只觉得母亲很不好相处。

在咨询过程中，她会在严肃的地方突然笑起来。小孩就是这样，会在别人认真听自己说话的时候笑起来。因为从来没有人关心过她的旦夕祸福，所以现在她无论如何也要体验一下自己从未体验过的"幼儿期的特权"。

当她理解了自己的行为就相当于撒娇、闹别扭等幼儿式的举动之后，她的想法发生了转变。

现在的她已经往前迈出了一步。她心里非常清楚，自幼以来谁都不允许自己撒娇，但现在，她终于找到了可以撒娇的对象。

我问她："今天你要咨询的'不是你女儿的问题，而是当自己做出幼儿式的举动时，该怎么办'的问题对吧？"她点了点头。

"如何改善母女关系"只是表面上的问题。

如果母亲拿着饭菜进了自己的房间，那女儿自然不会亲近她。因为这位母亲的行为就像一个在闹别扭的小孩。

想象一下，有一位母亲闹脾气拿着饭菜进了房间，还把房门锁上了。

她本人的行为仿佛在说，我不想跟你搞好关系，但她却口口声声说"想改善母女关系"，这自然不可能实现。是她自己亲手把房门关上的。

就算她问我"如何才能改善母女关系"，我也回答不上来，因为这是不可能的。"想改善母女关系"这一说法与她的行为自相矛盾。

如果我们把这想象成一个孩子的行为——吃饭的时候，"孩子"闹脾气把自己锁在房间里，是不是就很好理解了？

这个闹脾气的"孩子"在房间里一边偷听家人们在饭桌上的谈笑声，一边在心里琢磨着"怎么还不来喊我呢"。

这就是常见的小孩子心态。

这个正在闹脾气的"小孩"不停地暗自告诉自己："我是绝对不会出去的。"

让我们想象一下真正的小孩会怎么做。

他们没过多久，就会悄悄地打开房门，走出房间，坐在地板上吃饭。

这时候，如果母亲说："不到饭桌上来吃吗？你不陪妈妈吃饭，妈妈觉得好孤单啊。"孩子就会说："那我陪你吃吧。"母亲给孩子一个台阶，孩子就会同意跟母亲一起吃饭。

而如果母亲对孩子说"差不多得了"，孩子又会闹脾气。

这位来咨询的母亲在跟大女儿说话时，她的态度就仿佛在说"你的所作所为我统统都不喜欢"。

如果一个人真的喜欢对方，即便对方说的话很难听，也一定能明白对方的心意。

这位母亲认为，如果女儿真的喜欢她，那么哪怕她说的话再不中听，女儿也一定能懂。但事实并非如此，她甚至会因此产生很多非常悲观的想法。

当你像这位母亲一样感到"生气""厌恶"的时候，很有可能你正在向对方撒娇。

如果这位母亲不再闹脾气，而尝试满足自己的撒娇欲，事情又会如何发展呢?

她会给女儿提出不切实际的要求,这其实是一种隐形攻击。

这位母亲虽然喜欢自己的女儿,但同时也讨厌她。这位母亲的人格当中包含着矛盾。所以她会对女儿提出自相矛盾的要求。

"这位"母亲是在向"这个"女儿撒娇。

我之所以强调"这个",是因为颠倒亲子角色的父母并不会对每一个小孩都撒娇,他们会挑选撒娇的对象。

一般来说,爱欺负人的人并不是谁都欺负的。不仅是颠倒亲子角色的父母,所有爱欺负人的人,都会选择自己欺负的对象。

还有一点需要注意的是,颠倒亲子角色的人在面对那些对自己做出过分行径的人时,反而会选择迎合他们。

对于那些对她态度恶劣的人,包括其丈夫在内,这位母亲都会采取服从的态度,并且不停地"内罚",不停地责备自己"都是我不好"。但在面对撒娇对象时,这位母亲反而会不停地"外罚",不停地责骂对方。

"亲子角色颠倒"的父母和孩子之间的关系是一种极其不健康的人际关系。

1.6 神经症式的"亲子角色颠倒"

我举这个例子只是想让大家了解"亲子角色颠倒"是一个怎样的心理过程。

在上文所举的"亲子角色颠倒"的案例中，当事人的孩子受过一定教育，因此后果还不算严重。

但如果孩子从小就跟父母黏在一起，数十年来一直在日常生活中面对"亲子角色颠倒"这一问题，后果就会非同小可。

虽然上述案例的当事人比较特殊，这位母亲背负着异常沉痛的过往，但其实普通父母身上也容易出现这种程度的"亲子角色颠倒"。

不过，本书要重点说明的神经症式的"亲子角色颠倒"，有别于这种普通人的"亲子角色颠倒"问题。

也就是说，"亲子角色颠倒"分为两种类型，和这世上有神经症倾向较强的人，也有心理健康的人一样。

当一个重度神经症患者颠倒亲子角色时，对孩子而言简直是地狱，而且往往父母和孩子都没有意识到自己身处地狱。

父母认为自己是理想的父母，孩子也觉得自己的父母是最棒的父母。

所以有时媒体才会把魔鬼父母称为宠爱孩子的人，把出于焦虑而寻求与孩子融为一体的心理误解成父母对孩子的爱。

本章讲述的"亲子角色颠倒"的案例不是神经症式的，而只是大多数人都可能经历过的。

理想的父母自然是凤毛麟角的，大家或多或少都曾陷入"亲子角色颠倒"的问题中。

比如，孩子撒娇了，希望你能满足他此刻的愿望，但作为母亲的你现在感觉很累。

假如你说："妈妈待会儿再陪你。"孩子是不会满足的。

孩子在此刻寻求的东西，你就必须在此刻满足他，育儿就是如此。

然而，如果为人父母者心理年龄只有 5 岁，那么要在当下立即满足孩子的需求对他们而言则是一件特别辛苦的事情，他们也希望孩子可以体谅自己的心情。

结果就成了，一个 15 岁的孩子希望父母可以体谅一下正处于叛逆期的自己，但心理年龄只有 5 岁的父母却反过来希望孩子能够体谅他们的心情。

有的"亲子角色颠倒"成功了，孩子变得温顺，对父母言听计从，但也有的孩子会进行反抗。

反抗的方式多种多样，有的孩子会直接反抗，也有的孩子会间接反抗，比如拒绝上学。

"苏珊拒绝上学是因为她的母亲威胁说要抛弃她们，这是苏珊对母亲的威胁做出的反应。"

在"亲子角色颠倒"的案例中，父母才是感到孤独的一方。父母只是因为害怕被抛弃，才威胁孩子要"抛弃"他们。当然，父母自己并没有意识到这一点。

"在许多案例当中，父母的威胁是孩子拒绝上学的一大诱因，如果你认同这一点，那么你在看待诸多已经公之于世的报告时，将基于一个全新的视角。比如梅兰妮·克莱茵（Melanie Klein）[1]的案例报告就记载了一些父亲或者母亲威胁他们的孩子自己要离开这个家，威胁孩子如果不守规矩的话，父母就会生病或者死去。"

颠倒亲子角色的父母会对孩子做他们儿时希望父母为自己做的事情，但如果这样无法取悦孩子，他们就会生气，所以他们会威胁自己的孩子。

父母威胁孩子，自然是因为自己的需求没有得到满足，不仅如此，他们还讨厌自己的孩子和配偶，并且在家庭中处于孤立的状态。

他们会如此吹捧自己："爸爸（妈妈）这么好，你怎么忍心看

---

① 奥地利精神分析学家，儿童精神分析研究的先驱。——编者注

着我去死呢？"孩子听了这种话难免大吵大闹。父母就这样看着孩子叫嚷着"爸爸（妈妈）不要死"，以此来证实"自己"的存在感。这样的父母是没有"自我"的。

爱威胁孩子的父母总企图不费吹灰之力地就把孩子打造成自己心目中理想的人。

这样的父母虽然看上去是一位好家长，但总让人感觉有些"恬不知耻"，因为他们总想一点点地入侵孩子的内心世界。

在"亲子角色颠倒"的案例中，父母习惯用孩子的反应来满足自己对爱的饥渴感。也有些母亲是想利用这样的方式来抚平自己内心的焦虑。

正如艾里希·弗洛姆（Erich Fromm）① 在书中所写：

"母亲（父亲）希望得到充满爱意的照顾，这是她（他）儿时没有获得的，或者说失去了的东西。虽然时隔多年，但她（他）仍在不知不觉中希望孩子可以满足自己的愿望，并且她（他）不

---

① 美籍德国人，人本主义哲学家和精神分析心理学家，著有《爱的艺术》《自我的追寻》《存在的艺术》等。——译者注

允许孩子跟小伙伴们玩耍，不允许孩子参加学校的活动。孩子们哪里是被娇惯着，他们是被置于慢性的、需求不满的状态当中。而且父母一直在强调自己已经把全部都奉献给了孩子，因此孩子连指出其中不合理之处的自由也没有。"

一言以蔽之，颠倒亲子角色的父母是在把孩童时代遭受的委屈都发泄在自己的孩子身上。

▶ 第二章　住在父母体内的
　　　　"孩子"

TWO

2.1 基本焦虑

著名的儿童心理学家约翰·鲍比提出的"亲子角色颠倒"这一概念指的是，一个人年少时由于父母未能满足其基本需求，待他为人父母后便利用孩子满足自己的基本需求的行为。这也是父母对孩子的神经症需要①。也就是说，患有神经症的父母对孩子提出了不切实际、以自我为中心且带有复仇性质的要求。

一个人内心的冲突会通过人际关系显露出来，而"亲子角色颠倒"就是父母内心的冲突反映在亲子关系中的结果。

---

① 亦称神经症倾向，是由心理学家卡伦·霍妮提出的个体降低基本焦虑的策略。——译者注

贫困的循环是可见的，所以大家能够对症下药，但神经症的循环是不可见的，所以大家并没有把它当作一个问题。

"亲子角色颠倒"会给孩子带来基本焦虑①。

父母出于自己潜意识中的需要进行育儿，会给孩子带来基本焦虑。所谓基本焦虑，就是基本需求没有得到满足的人所感受的焦虑。这种焦虑会牢牢扎根在孩子内心的最深处。所以，在"亲子角色颠倒"的环境中长大的孩子，他们人格的核心部分都带有基本焦虑。

随着他们渐渐长大，他们中的很多人可能会觉得这种焦虑已经痊愈了，但其实大多数情况下都没有痊愈。盘踞在人格核心部分的基本焦虑会在黑夜中显露出来，比如在梦中。

大卫·西伯里（David Seabur）②曾说过："不要烦恼30分钟以上"，这确实言之有理，但是要践行起来并不容易。

---

① 由心理学家卡伦·霍妮提出的概念。儿童对父母的一种既依赖又敌视的矛盾情感被压抑在潜意识中而不能化解，使人陷入焦虑，这被霍妮称为基本焦虑。——译者注

② 心理学家，著有《找回你自己》等。——译者注

想象一下夜深人静的时候你躺在床上睡觉的画面。这时如果你烦恼 30 分钟以上，位于人格核心部分的基本焦虑就会显露出来。

你会越来越觉得自己很烦恼，甚至会因此失眠。但实际上那个问题并没有那么严重，只是它刺激了你内心最深处的基本焦虑，所以才让你如临大敌。

没有得到满足的需求会通过潜意识控制一个人的情绪。

基本需求分为两种，一种是追求自我实现的独立性需求，另一种是依赖性需求，也可以说是成长需求和退行 ① 需求。

幼儿式愿望属于基本需求中的依赖性需求、退行需求。

孩子在喜欢睡摇篮的时期会希望大人一直给他们摇摇篮，在喜欢蹦蹦跳跳的时期会希望大人能让他们随时随地蹦蹦跳跳，这就是幼儿式愿望。

---

① 　西格蒙德·弗洛伊德提出的心理防御机制，指人们在受到挫折或面临焦虑、应激等状态时，放弃已经学到的比较成熟的适应技巧或方式，而退行到使用早期生活阶段的某种行为方式，以原始、幼稚的方法应付当前情景，以降低自己的焦虑。——译者注

　　简而言之，幼儿式愿望就是"希望别人哄我"。孩子总是希望得到身边的人的关注，希望别人夸奖他，希望身边的人对自己的行为做出反应。

　　这些幼儿式愿望、幼儿式需求不会因为无法被满足就凭空消失。

　　比如，"总是希望得到别人的夸奖"就是一个典型的幼儿式需求，如果一个人从小就生活在这一需求被全然无视的环境中，那么就算他已经度过了幼儿期，这一需求也不会消失。

　　可能长大后他并没有意识到自己的需求不满，但实际上他在潜意识世界里始终处于需求不满的状态。

　　比如，有的人就是难以被取悦。他身边的人都觉得他不好相处，他本人也在为此烦恼。但他之所以看起来总是一副不高兴的样子，是因为受到了潜意识的控制。他本人也在为自己的性格而苦恼，但却无计可施。

　　明明自己特别希望得到别人的表扬，但成年人总是无法像小孩一样轻易获得大家的夸奖，所以他的内心深处就时常处于需求不满的状态。而且这份不满每天都在潜意识世界里膨胀，经年累月，心底积攒的不满越来越多，甚至给他的意识世界也带来了影响。

很多时候，大家虽然道理都明白，但还是不知道应该如何处理自己的情绪。原因之一就是，大家被潜意识中的需求控制了。

马斯洛曾称神经症为"缺失性疾病"，对此我深以为然。

神经症就是由基本需求没有得到满足引起的，神经症患者的情绪会不由自主地被这种需求不满的心理所控制。

神经症倾向强的人往往非常希望消除神经症的根基——需求不满的心理。

人之所以会强迫症式地追求成功，也是因为想消除潜意识世界里的需求不满。

基本需求得不到满足是一件让人无能为力的事情。

这样的人虽然在肉体和社会层面上已经长大成年，但内心始终处于需求不满的状态中。无论别人怎么开导他们，他们都不知道应该如何处理内心的不快。

于是他们便想，如果获得了成功，应该总会有人夸奖自己吧。他们相信，只要获得成功就能消除需求不满的心理。

　　孩子得到夸奖就会变得生龙活虎，得不到夸奖就会灰心丧气。那些在肉体和社会层面上已经长大成人，但在心理层面上还一直是个幼儿的人也是如此。比如，如果工作进展顺利，他们就会变得朝气蓬勃，而如果工作不顺利就会士气低迷。

　　但是现实中，工作不可能一直都事事顺心，一帆风顺。而且对他们而言，工作上的成功是用来弥补幼儿时期未能实现的愿望的，是一种补偿性满足，因此没有界限。无论他们取得多大的成功，也还是会希求更多的成功。

　　乔治·温伯格（George Weinberg）[①]曾指出，追求名望的人其实是在追求爱。那么，如果他连爱和名望都得不到，会变成什么样呢？

　　那么对他而言，剩下的就只有孩子了。这就会演变成"亲子角色颠倒"，导致他对自己的孩子抱有不切实际的期望。

　　他们企图借助孩子的成功让世人对他们刮目相看，或者把孩子当作日常负面情绪的宣泄口。

---

① 美国心理学家。——译者注

自卑感其实跟自卑没有丝毫关系。自卑感只是一个人想获得夸赞却得不到而滋生的情绪。

正如阿尔弗雷德·阿德勒（Alfred Adler）[①]所说，自卑感是驱使个体采取行动的基本动力。

也就是说，"想被哄但却未能如愿以偿"的心理是驱使个体采取行动的基本动力。换言之，这就相当于基本需求是驱使人采取行动的基本动力。

成人之后，随着自我实现需求的出现，人的需求会变得越来越复杂，但在成人之前，大家都一心只想满足个人的依赖性需求。

依赖性需求是人的基本需求之一，是一种自恋式的需求。具体表现为希望"自己"能得到夸奖，希望所有人都关注"自己"。

因为一门心思希望自己能获得夸奖和鼓励，所以依赖性需求强的人对他人并不感兴趣。他们通常无法自立。基本需求是一种自恋式的需求，一旦这一需求被无视，当事人就会苦不堪言，因

---

① 奥地利精神病学家，个体心理学学派的创始人，著有《个体心理学的实践与理论》《儿童人格形成及培养》《自卑与超越》等。——译者注

为他们实在无法自己支撑自己。

如果一个人的基本需求或称幼儿式愿望在得到满足之后消失了，那么即便他真的低人一等也不会有自卑感，而如果没有得到满足，即便他再优秀也会有自卑感。

换句话说，如果幼儿式愿望在得到满足之后消失了，那么一个人即使面对失败也不会感到自卑，而如果幼儿式愿望没有得到满足，那么就算他取得了成功也会妄自菲薄。社会性的成功或失败与自卑感并无关系。

如果幼儿式愿望一直留存在心底，他们就算大获成功也无法自己支撑自己生活下去，所以他们的情绪总是很不稳定。因此，情绪的稳定与否也与社会性的成功没有关联。

卡伦·霍妮有一句名言：自卑感是欠缺归属感所致。

如果一个孩子能得到父母的夸奖和鼓励，他的心中便会产生归属感。但如果他一直被父母无视、否定，那么他就无法获得归属感。

只要幼儿式愿望或基本需求得到了满足，人们心中自然会产生归属感。人会与满足了自己的幼儿式愿望的人产生心灵上的联结，这是理所当然的。

虽然阿德勒、卡伦·霍妮以及马斯洛说的话不一样，但本质上是相同的。

2.2 严重的创伤

如上文所述，"亲子角色颠倒"是指父母出于自己潜意识中的需要进行育儿的行为。"亲子角色颠倒"使孩子沦为了帮父母化解内心冲突的一件工具。这样的成长环境显然对孩子而言是非常不理想的。

久而久之，孩子心中便会滋生基本焦虑。

用卡伦·霍妮的话来说，有的孩子是按照父母的需要被培养的，基本焦虑形容的就是这些孩子的心理状态。

获得了母爱的孩子能够脱离母亲并实现心理层面的自立。但没有获得母爱的孩子始终无法脱离母亲，也就无法实现自立。因为，不知母爱为何物的人，会一直深受对母爱的固着①这一心理的折磨。

母亲如果对孩子漠不关心，对孩子而言只是一个名为"母亲"的冷漠的外人，又或者孩子长期受到母亲的虐待，那么这样的孩子即便在肉体层面上已经长大成年，他们也还是需要母亲。这就是退行需求。借由孩子来满足自己的退行需求的行为就是"亲子角色颠倒"。

那些受到母亲的虐待或者得不到母亲关心的人，如果不通过自我分析改变生活的方向，那么即便长大也会一直被退行需求所折磨。

成年人的退行需求在这个社会上是不被接受的。与其说不被接受，不如说其言行不被理解。身边的人会对他们敬而远之，认为"他是个有问题的人"。

---

① 俗称"恋母情结"，指过度依恋母亲的心理。
　　"固着"是西格蒙德·弗洛伊德提出的心理学概念，又称"固恋""固结"，指的是行为方式发展的停滞和习惯反应的刻板化。如果儿童在五个心理发展阶段中的任何一个阶段中不能得到正常的发展，那么他们以后的行为模式往往与这个阶段相联系，或者固定在这个阶段上。——编者注

虽然他们通过各种方式使自己在退行需求的驱使下做出的言行举止在社会层面上实现了正当化，但驱使他们采取行动的基本动力依旧是退行需求。

所以，从社会层面上来看，他们是戴着大人的面具生活的一群"孩子"，他们在本质上是一个个幼儿。

这也是他们总是不高兴，总是会陷入不愉快的情绪并为之所困的原因。

父母在家里时，对孩子表现出不高兴，其实是在释放"快来满足我的幼儿式愿望"的信号，是一种颠倒亲子角色的行为。这种行为出自父母对爱的需求，父母想确认孩子是爱自己的。而如果父母无法成功确认孩子是爱自己的，他们就会陷入不愉快的情绪。

让我们再来看看其他"亲子角色颠倒"的案例。

在该案例中，孩子的年纪还小时，父亲一回到家，孩子就必须笑着对父亲说"爸爸，你回来啦"，迎接父亲。如果不这么做，父亲就会大发脾气，乱摔东西。

原本应该是父母在孩子放学回家的时候，笑着对孩子说"宝贝，你回来啦"并迎接孩子。但在该案例中，孩子却不得不承担起原本应由父母承担的职责。

再来看一看另一个案例。在该案例中，孩子每天吃晚饭时，都必须对着桌上的饭菜说："哇，看起来好好吃呀！"总之，孩子必须说一些话取悦母亲。

颠倒亲子角色的父母甚至会做出这样的举动：即便孩子生病了，也要去海边给孩子开生日派对。因为如果孩子对他们心存感激，他们就会特别高兴。比起孩子的心情，父母自己的心情更重要。

颠倒亲子角色的父母会跟孩子一起做自己小时候想和父母做的事。他们把对爱的饥渴感全都投射到孩子身上。

最严重的心灵创伤可能就是卡伦·霍妮所说的基本焦虑。

基本焦虑是在亲子关系中形成的，与人长大以后受到的心灵创伤基本不同。

这与在公司里被上司侮辱而受到的心灵创伤是不一样的。

基本焦虑是在亲子关系成型并确立自我之前形成的。

而在亲子关系已经成型且心理上也已经长大成年之后受到的

心灵创伤，则属于打好生活的基础之后受到的创伤。

这与基本焦虑有何不同呢？

其中一个区别就是这两种创伤给人生带来的影响的严重性不同。具体而言，基本焦虑的严重影响会一直延续到当事人成年，乃至成年之后，也就是影响的时间长度很长。

其次是影响的深度很深。

卡伦·霍妮曾指出，带有基本焦虑的父母会出于他们的神经症需要而接触孩子。

依我之见，对带有基本焦虑的父母而言，孩子成了解决他们神经症式内心冲突的一种工具。

会给孩子带来基本焦虑的父母大都是在颠倒亲子角色的父母，他们会根据自己的心理需要来决定如何对待孩子。

说得再具体一点就是，他们的孩子不得不在"亲子角色颠倒"的环境下长大，孩子就相当于父母的布偶玩具。

如果这种相处方式常态化，就会演变成神经症式的"亲子角色颠倒"。

2.3　不被理解的痛苦

许多夫妇通过欺凌孩子来排解对配偶的恨意，从而维持夫妻关系。这与普通的父母欺凌孩子的性质完全不同，二者的严重程度无法相提并论。

这些父母为了生活下去只能一直欺凌孩子，这是他们的心理需要，所以他们会不顾一切地欺凌孩子。

如果不欺凌孩子，他们就必须面对夫妻之间的冲突。对这样的父母而言，欺凌孩子成了一种强迫行为[①]——即便他们不想，最

---

① 为减轻强迫观念而引起的焦虑，患者不由自主地采取的一些顺从性行为。——译者注

终也还是会去欺凌孩子。

这与被上司责骂完全不可相提并论。

想一想在诸多"亲子角色颠倒"案例当中父母有多么执着于欺凌自己的孩子，你就会发现在公司里受到的责难都可以一笑而过了。

所以，普通人根本无法理解这种被父母欺凌的痛苦及其带来的心灵创伤。

在许多情况下，"亲子角色颠倒"的案例中被父母欺凌的人，如果不能弄清欺凌行为背后的心理机制，可能一辈子都无法振作起来。他们在潜意识里积攒起来的恨意和愤怒超乎常人的想象。

他们之中有的人在长大之后也总是不开心。明明没有发生什么不好的事，但他们却一大早就开始发火；就算碰到天大的好事，也还是会发火。

这是因为他们本身就像个火药库，稍有风吹草动就会爆炸。

这些"亲子角色颠倒"的受害者自身的发展潜能也不大，这样的人正是艾里希·弗洛姆所说的退化综合征患者，也就是说，他们的内在核心是由自恋、恋母等要素构成的。

对母爱的固着其实也是一种自恋。

但他们还是平平安安长大了，而且比普通人更有忍耐力。

普通人也可能会在人生的半路上坚持不下去，可能会得抑郁症或者自律神经失调症①，可能会一直受偏头痛折磨，或者患上神经症……总之就是很难在这个社会上顺心地生活。

但在"亲子角色颠倒"的环境中长大的人会一直忍气吞声直到某一个时刻。虽然他们在这个社会中存活下来了，但他们的内心充满了隐形的怒意，随时都可能崩塌。因此，他们也会毫无理由地不开心。

"亲子角色颠倒"是一种发生在潜意识世界里的现象。在颠倒亲子角色的父母的意识中，他们是"为了孩子好"才"欺凌"孩子的。他们给恨意戴上了爱意的面具。比如，他们会将欺凌行为合理化，美其名曰"管教"。这样的父母绝不会好好地去面对自身潜意识里的冲突。

---

① 自律神经失调即自律神经系统内部失去平衡。自律神经失调时，受这些神经支配的心脏、胃、肠、血管及其他器官的活动就会受到影响，引发自律神经失调症。——译者注

颠倒亲子角色的父母就是戴着爱的面具的施虐狂。而受尽父母欺凌的孩子如果不认为"自己是被爱着的",就无法得到父母的宽恕。他们必须一边承受父母发泄在他们身上的恨意,一边相信"我是被父母爱着的"。

如此一来,他们的沟通能力就被彻底摧毁了。他们被迫相信非现实的事物为现实。父母禁止他们正确理解对方,正是这一做法摧毁了他们的沟通能力。他们今后的人生也注定无法获得幸福。

如果说这世上有人的情况符合"所有人都不理解我"这一说法,那指的一定是被颠倒亲子角色、受尽父母欺凌的人。

如果一个人对他人存有依赖心理,通常他们都会有"所有人都无法理解我的痛苦"的想法,从而对旁人心怀恨意。

那么什么时候可以称一个人实现了心理自立呢?答案是,即使他确实处于"所有人都不理解我"的情况之下,但也能不忘本心、不恨任何人地继续生活下去的时候,这个人才真正实现了心理自立。

不知这算不算一种大彻大悟,总之即便是没有受过什么创伤的普通人也很难做到这一点。

2.4 无法感知爱

为了解决自己内心的冲突，许多父母会将孩子牵连其中。颠倒亲子角色的父母绝不会认真面对自己内心的冲突。因为比起直面自己内心的冲突，欺负孩子轻松得多。

在"亲子角色颠倒"的案例中，孩子往往会怀有这样一种自我认知——"我是一个没人爱的人"。

一个人如果抱有这样的自我认知，便会对他人的拒绝或无视非常敏感。即使没有被无视，他们也会觉得自己被无视了；即使没有被拒绝，他们也会觉得自己被拒绝了；即使长大后得到了爱的滋养，他们也会觉得自己没人爱；如果听到别人对他们的劝告，他们还会认为那是对他们人格的否定，而不是针对某一问题的谏言。

因为这种对事物的感受方式，他们很容易罹患包括抑郁症在内的各种心理疾病。所以，小时候被老师侮辱，或者长大后被众人蔑视、被他人排挤等心灵创伤的严重程度与"亲子角色颠倒"所带来的心灵创伤相比，在深度和广度上都截然不同。

不仅他们的内心存在基本焦虑，他们的潜意识里也充斥着铺天盖地让人望而生畏的强烈敌意。

因此，内心脆弱也是他们的特征。因为只有内心脆弱的人才更容易受伤，也更容易对人心生敌意。

而且，即使没有内心脆弱这个原因，由于本身防备心很强，他们自然也更容易对他人带有敌意。

不论出于什么原因，总之他们会在基本焦虑的基础上，在心中不断积攒新的敌意。

他们之所以会被心中的敌意如此束缚，是因为他们从小就生活在"亲子角色颠倒"的环境中而必须一味忍受。在这一过程中，不可控的敌意渐渐在他们心底堆积成山。

与此同时，孩子内心也会产生基本焦虑。

基本焦虑的危害之一就是，当事者会变得不再信任他人。他们长大后，无论是在友情中还是爱情中，都无法相信对方的爱。这就是所谓的"对爱抱有神经症需要"的问题。

如果对方不一直告诉他们"我爱你，好爱你，我喜欢你，好喜欢你"，他们的情绪就会一落千丈。

即使前一天对方刚跟他们说过"我喜欢你"，如果第二天没有听到这句话，他们依旧会变得焦虑。同样，即使第二天他们听到了对方的表白，第三天他们还是想听到对方说"我喜欢你"。

有的重度神经症患者如果没有每天听到"我喜欢你，真的好喜欢你"，就会大发雷霆。

问题是，即便当事人已经成人，他们儿时形成的疏远感、无力感、孤立感等情感也不容易消除。

即便他们与他人建立了亲密关系，他们的心底也不会产生"我们"这一归属意识。

卡伦·霍妮曾说，这种基本焦虑会妨碍人抒发自己真正的情感，与他人建立关系。

"如果无法在一个理想的环境中成长，人们心中就不会有'我们'的概念，取而代之的是基本焦虑。"

这是一种潜意识里认为自己和任何人都没有情感联系的感觉。

卡伦·霍妮曾进一步说，基本焦虑会妨碍人借由自发的情感与人产生联系。

我认为卡伦·霍妮所言非常有道理，更进一步说，在"颠倒亲子角色"的环境中成长的孩子并没有自发的情感。

基本焦虑不仅仅是个人内心的问题，还会影响一个人与他人接触的方式。

带有严重的基本焦虑的人，无论获得的爱有多么强烈，都感觉不到自己"被爱着"。

卡伦·霍妮还说过，他们会觉得周围的世界与自己是敌对的。

他们在那个敌对的世界里感受到的孤立感和无力感就是基本焦虑。

还有一点需要强调的是，"亲子角色颠倒"是一种发生在潜意识世界里的行为。

在"亲子角色颠倒"的环境中成长的人并没有意识到他们正在被父母欺凌。

在"亲子角色颠倒"的案例中，亲子双方都各有各的问题，双方都患有心病。他们在潜意识世界里互相厌恶，但在意识世界里却被"爱"联结了起来。

在"亲子角色颠倒"的环境中成长的人应该时刻关注自己的潜意识。尤其是当感觉自己的情绪不太对劲时，要马上告诉自己"关注自己的潜意识"。

为什么自己会这么焦虑呢？为什么会这么生气呢？为什么跟别人在一起的时候感觉这么不舒服呢？为什么活得这么辛苦呢？为什么总是很着急呢？当你心中产生这些疑问的时候，就要告诉自己要好好地面对自己的潜意识。

2.5 精神暴力

神经症倾向较强的人总会寻求"只有自己才能做到的某种特别简单的方法"。这是因为他们认为自己处在一个充满敌意的世界里，被强烈的孤立感和无力感所包围。

对孩子而言，什么样的生活环境是不理想的呢？身边的人都根据自己的心理需要决定对孩子采取什么态度的生活环境就是不理想的。

带有基本焦虑的人在成长过程中所遇到的大部分人内心深处都带有某些心理冲突。

"亲子角色颠倒"就是一个具有代表性的例子。

对被颠倒亲子角色的孩子而言，没有人能接受真实的自己，身边的人接连不断地向他们提出不合理的要求。这就相当于他们从小就生活在战场上。时刻有子弹呼啸着朝他们飞去。这些子弹也就是身边的人的态度或者要求。

卡伦·霍妮所说的基本焦虑就是"当自己遇到难题时，谁都不会来保护自己"的感觉。

值得注意的是，这种感受其实是潜意识层面的。

也就是说，任何人的人生都充满了困难，但带有基本焦虑的人在日常生活中时常会感到"谁都不会来保护自己"，他们在潜意识里为此痛苦却没有意识到这一点。他们所意识到的事态是与事实相反的。也就是说，其实他们在意识里感到的是"我是被爱着的"。但是，他们的意识与潜意识相差十万八千里。并且，这一"无法信任他人"的心理还会发展成许多性质更加恶劣的问题。

一个人只有与他人建立了基本的信赖关系，才能实现自立。人的心里如果没有值得信赖的对象，便无法自立。就像孩子一样，能信任母亲并和母亲建立信赖关系的孩子才能自立。父母是我们来到这世上时最先遇到的人，如果连父母也无法信任，那么这个人便很难实现自立。

一个既恋母又无法与他人建立信赖关系的人，很有可能会背负着沉重的无力感和依赖他人生活的宿命度过余生。

基本需求只有通过向"有母性的母亲"寻求爱才能得到满足。一个人的基本需求如果无法得到满足，就有可能罹患神经症。"亲子角色颠倒"就是一种严重的神经症症状。所以如果一个人在基本需求没有得到满足的情况下就成了他人的父母，他们往往会对自己的孩子做出"亲子角色颠倒"的行为。

神经症会使一个人与他人形成依赖性的敌对关系，使这个人无法坦诚地与他人建立心灵上的联系。

家庭暴力就是一个典型的例子。

欺凌孩子的父母其实是在向孩子索要爱。父母在向孩子索要爱的同时对孩子抱有恨意。这就是所谓的精神暴力，也就是精神层面上的欺凌。

颠倒亲子角色的父母从未体会过什么是"母性"，他们终其一生一直在寻求"母性"并为之痛苦。

这些父母还会从孩子身上寻求"母性"。而如果孩子没有直接在他们面前展现出"母性"，他们就会给孩子提出不切实际的要求。

而如果孩子没能达到自己的要求，一旦孩子不能满足父母心中在孩子身上"寻求母性的欲望"，他们就会觉得受了委屈，因而狂怒不止、大发雷霆，并且百般折磨自己的孩子。

▶ 第三章　不得不长大成人的
　　　　孩子

THREE

3.1 退行需求

"亲子角色颠倒"是神经症的症状之一，那么"亲子角色颠倒"到底具有什么特征呢？接下来，我将围绕退行需求就其特征进行探讨。

被动的人在日常生活中总是会感到不满，那是因为他们对其他人发号施令、坐享其成的愿望过于强烈。

然而在现实世界里，这种想发号施令、不劳而获的愿望在长大后是很难实现的。

颠倒亲子角色的父母都属于被动的人，所以他们时常对孩子感到不满。如果他们不是被动的人，也不会希望孩子主动来爱自己。

最简单的例子就是，他们会强迫孩子接受自己的好意。他们之所以这么做，是为了"扮演好父母的角色"，这背后其实暗藏着他们希望孩子对他们感恩戴德的要求。但从孩子的角度来看，这并不是好意，而是近似欺凌的行径。

常有人说，真正的爱是间接表达出来的。如果不了解对方，就无法间接地表达爱；而如果想直接表达爱，则并不需要了解对方。以直接的、特别的、夸张的方式表达出来的爱在很多情况下都是错误的爱。就像大家所说的，越是强调什么就说明越是欠缺什么。通过日常生活中细微的举动自然而然地表达出来的爱，才是真正的爱。

从匮乏动机和成长动机^①的角度来看，为了展示给他人看而行动的动机就是匮乏动机。父母出于匮乏动机而育儿的行为，就是"亲子角色颠倒"。当父母出于匮乏动机养育孩子时，孩子心中就会滋生基本焦虑。

---

① 匮乏动机和成长动机是马斯洛提出的概念。匮乏动机，又称"缺乏性动机"是由基本需求的缺乏而产生的。成长动机是高级需求所驱使的动机，是指个体试图超越他以往成就的动机。——译者注

匮乏动机也是一种退行动机。

从成长动机和退行动机的角度来看，出于退行动机的育儿行为，对父母而言是非常痛苦的；出于成长动机，也就是出于爱的动机的育儿行为才有意义。同时，他们育儿的辛苦程度也与常人截然不同。

受退行动机驱动的人，就算他们只是和别人一起用餐也会觉得很辛苦，因为他们希望所有人都能宠爱自己。但受成长动机驱动的成年人与他人共餐是因为想与人交流，因此对他们而言，与他人共餐是一件非常快乐的事。渴望被爱的人与懂得爱别人的人，即使同样在用餐，同样在谈恋爱，他们的满足程度也各不相同。

受退行动机驱使的人，他们连简单的日常生活也过得并不轻松，因为他们总是希望别人可以为自己当牛做马。

受退行动机驱动的人，一旦自己的行动被他人妨碍，就会受到巨大的伤害。有时候，孩子们会一边在心里期望得到父母的夸奖，一边采取某种行动，这时如果没有得到父母的褒奖，他们便会深感受伤。当一个孩子出于退行动机做出某种行为时，心理健康的父母会以夸张的方式予以表扬。

正常的亲子关系会随着时间的流逝而发生变化。

比如，孩子小时候会说"我想一直跟爸爸妈妈在一起"，后来孩子的自我觉醒了，开始进入叛逆期。

经过这段暴风雨式的时期之后，他们将迎来一段全新的亲子关系。

在孩子谈恋爱、结婚之后，亲子关系又会发生巨大的变化。以前孩子提起"我家"时，指的都是过去和父母一起生活的家，但现在变成了另一个家。

"亲子角色颠倒"的一个很大的问题就在于，父母和孩子之间没有这种自然的亲子关系变化。

孩子能向父母撒娇，才会有自我的诞生与成长。随着孩子的成长，亲子关系也会发生变化。

然而，如果父母一直向孩子撒娇，那么孩子就无法实现自我成长，更不用说父母实现自我成长了。

一个在心理层面上还是孩子的人，即便在肉体层面上变成了成年人，结了婚，这个人的内心也依旧是个孩子。

虽然随着时间的流逝，孩子的社会立场会发生变化，但孩子的内心依旧一成不变。这就意味着，这个孩子会一直为退化综合征所困。

退化综合征是艾里希·弗洛姆提出的概念，是由自恋、恋母等要素构成的综合征。

沟通分析理论[①]表明，失败者不会与他人建立亲密的关系，而会通过控制他人满足自己的期望。他人则会为了满足对方的期望不停地消耗自己的能量。

按照此种说法，颠倒亲子角色的父母可谓人生的失败者。他们控制自己的孩子，使孩子满足自己的期望。

颠倒亲子角色的父母并不允许孩子做自己。大卫·西伯里有言："如果无法做自己，那还不如做个'恶魔'"。

"亲子角色颠倒"是父母给孩子带来的所有消极影响当中最严重的一种，可以说孩子心理成长的路上最大的障碍正是"亲子角色颠倒"。

---

① 美国心理学家艾瑞克·伯恩创立的有关个人自我分析的理论，主要用来区分个人不同且可明确区别的自我状态。——译者注

在"亲子角色颠倒"的家庭中，孩子要负责照看父母、取悦父母。这已经不能被称为"育儿"了，而应该是"育父育母"。

那些直接受到"亲子角色颠倒"影响的孩子，往往无法在心理层面上获得成长，除非有其他特殊情况，比如他有一位非常优秀的奶奶。

3.2　父母的布偶玩具

在"亲子角色颠倒"的情况下，父母总是在和孩子相处的过程中做一些自己儿时想做的事。

这样的父母会无条件地让孩子完成自己儿时的愿望，而且是强制性的。比如，他们会强迫孩子开心起来。

父母因为满足了自己的撒娇欲所以十分满足。但孩子们也能意识到父母潜意识中的需求不满，他们何止是对父母心生不满，甚至还会对父母心生厌恶。

可是，孩子们不得不想办法取悦父母，所以他们只能强颜欢笑。

以下这种情况也属于"亲子角色颠倒"。

　　一位母亲认为自己已经给孩子买了很多东西了，但孩子还是不满足。于是，母亲便对孩子说："我都已经给你买了这么多了，你还想要更多吗？"其实，这位母亲并没有给孩子买他真正想要的东西，母亲买的只是她想买给孩子的东西而已。在撒娇的其实是给孩子东买西买的母亲，但母亲自身却没有察觉到这一点。

　　这位母亲还经常带孩子看足球赛。她会说"因为孩子高兴（所以带他去）"，这种情况母亲每次都会向学校请假。但平时如果孩子说："妈，我肚子疼，今天能请假不去上课吗？"这位母亲立马就脸色大变。如果孩子请假，母亲就会非常失落。然而一家人一起去看足球赛的时候，她却可以毫不犹豫地给孩子请假。只有当孩子的需求和自己的需求一致时，这位母亲才会对孩子的需求变得敏感。

　　其实，是这位母亲自己想跟孩子一起去看足球赛。她将这称为"团圆之乐"。只是，追求团圆之乐的是对爱抱有强烈饥渴感的母亲，而非孩子。这就是"亲子角色颠倒"。

　　换言之，这样的父母是在利用经济上、肉体上、心理上尚无法自立的孩子来疗愈自己"过往的心伤"。

这样的孩子即便长大成人也会是一个禁不住威胁的人。

在该案例中，母亲在孩童时期非常渴望团圆之乐，希望可以一家人一起去看足球赛，但却未能如愿。于是她把自己想做的事情说成"都是为了孩子"，而且她并没有意识到自己是在自欺欺人。这种情况其实是父母在向孩子撒娇。

有时候孩子甚至还要负责扮演类似玩偶的角色，这时的"亲子角色颠倒"可谓达到了"登峰造极"的地步。

每个孩子的成长历程中都有玩偶的影子，孩子可以一边破口大骂："讨厌你"，一边拿布偶玩具往墙上扔。更有甚者还会张牙舞爪地叫嚷着："我要把你的肚子切开来看看！"用布偶玩具发泄的一大的好处就是，就算你把它往墙上扔，它也不会反咬你。

但狗就不同了，狗可能会反咬你一口，如果是人，说不定反击得更厉害。

罗洛·梅（Rollo May）[1]也说过："人偶不会向人提任何要求。

---

[1]　被称为美国存在心理学之父，也是人本主义心理学的杰出代表，著有《存在之发现》《爱与意志》《焦虑的意义》等。——译者注

孩子可以把自己的所有愿望都投射在小熊或者人偶身上。孩子无须被迫按照对方的要求理解对方的感受，不必被迫做出超出自身成熟度的事情。"

而父母心中的不满远胜于孩子。颠倒亲子角色的父母无法成就自我，故而心怀不满。出于这种不满的心态，他们对孩子提出了各种各样的要求。

可结果孩子并没有按照父母设想的那般去行动，父母的要求没有得到实现。于是他们就将积攒至今的各种不满全部宣泄到孩子身上。如果当事人不能直面自己内心的冲突，这些冲突就会通过当事人的人际关系显现出来。

很多人都多多少少带有一些心理问题，并且会为了解决自己的心理问题而与他人产生接触。

如果这个人在谈恋爱，那么他内心的冲突就会通过恋爱关系显现出来；如果这个人已经结婚，那么他内心的冲突就会通过夫妻关系显现出来；如果他已经生儿育女，那么内心的冲突就会通过亲子关系显现出来。

没有比亲子关系更适合隐藏精神暴力的关系了。

在"亲子角色颠倒"的情况下，孩子在一种隐形的精神暴力的影响下长大，并且他们自身也没有察觉到自己一直在遭受攻击。那是以美德为借口的"虐待"，是戴着爱的面具的"虐待"，而父母和孩子双方都没有意识到事情的真相。

日常生活中的施虐，也就是所谓的精神暴力。问题是精神暴力的施暴者并没有意识到自己的行为属于精神暴力。他们没有意识到自己正在拒绝对方，在逼迫对方。毕竟这种欺凌行为都是在潜意识中进行的。

他们会摆出一张好人脸，逼迫对方承认自己犯下的罪行。精神暴力就是一种带有精致包装的欺凌和虐待。

总而言之，他们会控制对方，与此同时还自认为自己是一个好人。

颠倒亲子角色的父母就是在对孩子施加精神暴力。这比职权骚扰更加严重，而且完全是隐形暴力。受到职权骚扰的人都能够意识到自己正在被上司欺凌。但"亲子角色颠倒"的案例中被欺凌的人往往并不自知。

那些颠倒亲子角色的父母在外面也很难和其他人产生心灵层

面的联系，但这一点却能够通过亲子关系体现出来，也就是通过对孩子精神施暴的形式体现出来。

　　有些神经症患者不会与他人产生联结，因此他会通过他所拥有的亲密关系将不满显露出来。

3.3　对母爱的固着

父母本不应在孩子面前强调自己有多么辛苦，也不应在孩子面前自吹自擂。

在育儿过程中，父母去倾听孩子诉说，和孩子交流是非常重要的。

但有时候，孩子却不得不去听父母自吹自擂，还得赞叹附和道："爸爸（妈妈）好厉害呀！"这就是"亲子角色颠倒"，是父母在向孩子撒娇。

父母本不应让孩子扮演倾听者的角色。但在"亲子角色颠倒"的情况下，孩子便成了负责倾听的人。这就变成了孩子在照看父母。正如上文所述，不是父母育儿，而是孩子在"育父育母"。

　　一旦亲子角色被颠倒，孩子身上的自恋情结便很难消失。在正常情况下，孩子们通过在父母面前自吹自擂，满足了自恋情结后，自恋情结就会消失。但在"亲子角色颠倒"的环境下长大的孩子并没有这个过程，所以他们可能直至 80 岁都始终是一个自恋者。他总在夜里做噩梦，走在路上感觉自己仿佛是行尸走肉。

　　而且，他和别人讲话的时候不知为何总是非常在意周围的人的想法，只是站在人群中就觉得十分痛苦。

　　他的父母动不动就在吃晚餐的时候掀桌子、摔筷子。

　　他会记得在上小学的时候，他时常和父亲一起嘲笑别人，心想："只要跟爸爸一起嘲笑别人，爸爸就会感到幸福吧。"

　　这些都是一个在"亲子角色颠倒"的环境下长大的孩子告诉我的亲身感受。

　　这个孩子从小时候开始，就不是在"父育子"而是在"子育父"。

　　换句话说，"亲子角色颠倒"就是父母对孩子产生恋母情结时的状态。这一说法看似矛盾，但事实确实如此。

我将对此做出详细解释。

弗洛姆认为，处于对母固着第二病理阶段的男性往往讨厌有自我主张的女性。

"这种固着表现为他们需要一位不会对他们提出任何要求的女性，也就是需要一个可以让他们无条件依赖的人。"

同样，颠倒亲子角色的父母也讨厌有自我主张的孩子。他们不喜欢有自己的想法的孩子，而想要可以让他们无条件依赖的孩子。

情绪不成熟、对母亲怀有强烈固着状态的男性会在其他女性身上寻求母性，对她们产生恋母心理。

在"亲子角色颠倒"的案例中也能发现这样的现象。颠倒亲子角色的父母总在孩子身上寻求原本应向母亲寻求的东西。

实际上，比起真正对母亲怀有固着情结的男性，颠倒亲子角色的父母的影响可能更加恶劣。

颠倒亲子角色的父亲因为未能在其他女性身上寻求到母性，换句话说，他们身边并没有能够满足他们的恋母情结的女性，所以他们便企图从自己的孩子身上寻求母性。

如果一个男人遇到的女人大都不搭理他，又或者一个女人遇到的男人大都不搭理她，这样的人在处理亲子关系时，便会试图从孩子身上寻求母性。

"一些在普通人眼里非常单纯的事，比如他人提出了对你的愿望、意见，或者他人在你面前用批判性的思维阐述了对某一个问题的看法，又或者他人向你表达了某种期望等，这些事在神经症患者眼里就成了充满恶意的羞辱，他们还会因此火冒三丈。"

颠倒亲子角色的父母不允许孩子对他们抱有期望。就连孩子有自己的愿望和意见如此单纯的事，在颠倒亲子角色的父母看来也是一种羞辱，于是他们便对孩子大发脾气。

就像怀有恋母情结的男性会向他人寻求无条件的赞赏、寻求能对他百般照顾的女性一样，颠倒亲子角色的父母也希望孩子能照顾自己，他们也会向孩子索求无条件的赞赏。这就是恋母情结的第一、第二阶段。

如果父母无法理解"孩子有孩子自己的愿望和意见"这件如

此单纯的事，那一定无法建立融洽的亲子关系。如果父母因此怒不可遏，在心里大骂"岂有此理！罪不可赦"，那么亲子关系就会破裂。

我在上文提到的那张在礼品店里买到的信纸上还写着这样一句话，是孩子对父母的请求——"请您信任我、尊敬我，尽管我比您年幼，但我跟您一样有感情，有要求"。

马斯洛曾经说过，通常只有有安全感的孩子才能健康地成长。如果孩子的需求得不到满足，就会跟在父母身后不停地要求父母满足他们。得不到满足的匮乏需求，是导致人固着和退行的罪魁祸首。

最终，他们就会停滞在恋母情结这一心理状态当中。正如弗洛姆所说："他们需要能够无止境地赞赏他们的女性。"

他们"需要能够安慰自己、爱自己、赞赏自己的女性，需要能像母亲一样保护他们、养育他们、照顾他们的女性"。

弗洛姆还说，如果无法获得这样的爱，"他们便容易陷入轻度的焦虑和抑郁当中"。

父母之所以颠倒亲子角色，其实就是因为对孩子抱有固着心理。只不过驱使父母颠倒亲子角色的不是"恋母情结"，而是"恋子情结"。

父母需要孩子对他们言听计从，他们要求孩子顺从他们，而且是强制要求。

如果孩子不对身为父母的自己表示顺从，他们就会对孩子"恨之入骨"。

怀有恋母情结的男性会向其他女性寻求照顾，而颠倒亲子角色的父母则会在潜意识中向孩子寻求安慰。如果求而不得，便可能对孩子恨得咬牙切齿。

就像怀有恋母情结的男性讨厌有自我主张的女性一样，颠倒亲子角色的父母也讨厌有自我主张的孩子。

如弗洛姆所言，怀有恋母情结的男性会一直寻求可以让他无条件依赖的女性，寻求能为他承担由责任、自由以及意识性[①]带来的负担的女性。

---

① 意识性是德国哲学家柯亨在《纯粹认识的逻辑》中提出的概念，指感觉。柯亨认为意识与意识性是有所不同的。意识与人的知识、科学相应，而意识性与本能相应。——译者注

同理，颠倒亲子角色的父母也要求年幼的孩子成为那个可以让他们无条件依赖的人。也就是说，身为父母的他们需要孩子替自己背负起人生的重担。

3.4 依赖孩子

除了上文所述的问题，亲子角色颠倒还会引起其他更为恶劣的问题。

对爱抱有神经症需要的人，由于对人心怀敌意，所以他们往往无法直接、坦率地去追求爱。

让我们来看一个"亲子角色颠倒"的例子。

案例中的父母在潜意识中对某个孩子抱有爱的需求，但却跟其他孩子一起欺负那个孩子，只有那个孩子被排挤在家庭成员之外。

那是因为他们希望那个孩子更多地关注父母，但他们无法坦率地对孩子说"希望你能多爱爸爸妈妈一点儿"。

他们想通过欺负那个孩子的方式，让他更加关注自己。

这就和孩子为了引起父母的注意而做坏事一样。

对孩子们而言，被父母训斥比被父母无视好得多，所以他们才做坏事。

"亲子角色颠倒"的问题就在于，颠倒亲子角色的父母无法直接向孩子撒娇。

他们在向孩子间接撒娇的同时还对孩子抱有攻击性，他们将对孩子的敌意包装成了"管教"，使之合理化。

这就是"亲子角色颠倒"的问题所在。孩子向父母撒娇时，大多数情况都是直接撒娇。但"亲子角色颠倒"并不是"父母向孩子撒娇"的单纯行为。

在颠倒亲子角色的情况下，父母向孩子"撒娇"这一心理背后暗藏的则是父母对孩子的恨意。

孩子向父母寻求爱，因为没有得到满足而对父母产生攻击性，这不难理解。但当父母这么做时，往往无法被人理解。

其实个中的心理都是一样的。父母尤其希望他们依赖的那个孩子能多多关注他们，希望那个孩子如他们所愿，给予他们更多的关心。

然而与此同时，他们又对那个孩子怀有敌意。这是因为他们对他抱有依赖心理，父母会要求那个孩子为他们当牛做马，当这些要求无法实现时，他们就会心怀不满，从而对这个孩子产生敌意。这就是所谓的依赖性敌意。

父母往往会对他们依赖的那个孩子抱有敌意。

在"亲子角色颠倒"的情况下，父母对爱的需求构成了双重束缚[①]。

他们一方面向孩子寻求爱，另一方面却对孩子抱有敌意。这样的父母用"举着打狗棒招呼狗——理你才怪"这一俗语来形容再合适不过了。

举个例子，颠倒亲子角色的父母可能在姐姐面前是"绵羊"，

---

① 双重束缚是 1956 年著名英国心理学家葛雷格里·贝特森提出的关于精神分裂症病因的理论，指的是一个人同时在交流的不同层面，向另一个人发出互相抵触的信息，对方必须做出反应，但不论他如何反应，都会得到拒绝或否认，容易使人陷入两难的境地。——译者注

但在弟弟面前却成了"狼"。

但这并不代表父母信赖、懂得迎合他们的姐姐，恰恰相反，父母信赖的可能是他们一直在欺负的弟弟。

如果问父母年迈时到底会依靠哪个孩子，答案肯定是被欺负的弟弟。需要注意的是，"亲子角色颠倒"与孩子孝敬年迈的父母是不同的。

假设现在孩子45岁，父母70岁，在这种情况下孩子照顾父母是理所应当的。正常情况下就应如此。

但在"亲子角色颠倒"的情况下，年仅45岁的父母也像70岁的老人家一样需要孩子的"照顾"。

颠倒亲子角色的父母从儿时起，就未曾成功地解决过自己的心理问题，他们一直带着那些问题生活。时至今日，那些悬而未决的心理问题已经堆积成山。

他们即便到了70岁、80岁也一样。不，应该说，他们越年迈就越固执、越孤独，因此想对孩子撒娇的欲望、对孩子的恨意和依恋也越来越强烈。

年迈的父母会一边欺负孩子，一边想把孩子当作伙伴一样留在自己的身边。一旦不能如愿，他们就会闹别扭、耍脾气、郁郁寡欢。对此孩子也无计可施。总而言之，这样的父母不仅心中积攒了许多不满，而且还很焦虑。

颠倒亲子角色的父母总是讨厌自己所需要的事物。

孩子想要独占母亲，这谁都能理解。同样，我们在颠倒亲子角色的父母身上也能看到这种心理现象。

父母依恋孩子，想要独占那个孩子。结果，孩子便会认为与父母之外的人亲近就相当于背叛了父母。

孩子被迫去当一个不像自己的人，他们放弃了做自己，这让他们觉得整个世界都与之为敌。

乖僻的父母依恋着他们，"亲子角色颠倒"使他们不得不在心中筑起一堵又高又厚的墙。

最终他们变得无法与人亲近，无法和他人进行真正的情感交流。

父母独占、束缚着孩子，而被束缚的孩子在面对周围的世界时，会在心中竖起坚固的屏障，那是一道心墙。要破坏这道坚固的屏障非常困难。

而且由于亲子双方的心理活动都是在潜意识中进行的，角色颠倒的亲子关系被隐藏起来了，所以在周围的人眼里，他们就是其乐融融的一家人。

3.5　尚未确立的自我

颠倒亲子角色的父母总是在逃避人生中的各种问题，所以他们自然无法实现自我的确立。他们的人生只是过给别人看的。

他们的努力并不是为了实现自我。他们即使拼尽全力也只是为了让自己显得更厉害而已。尽管如此，他们还是无法获得所有人的尊敬。

这些父母一直把获得"他人的赞赏"当作生活的目的，从而牺牲了所有自我实现的机会。

对他们而言，家庭也不过是获得"他人的赞赏"的一种手段而已。他们组成家庭、陪伴家人只是为了被别人称赞"这个家庭好优秀""这一家人好优秀"。

因此，他们的家人会因为这"过度的、虚伪的爱"而窒息，他们的孩子基本上也都会被逼成神经症。

赫伯特·J.弗罗伊登贝格尔（Herbert J. Freudenberger）[①]曾说过："追求完美背后的动机是世人的眼睛。"

那些颠倒亲子角色的父母竭尽全力只为了让自己和家人能在世人眼中留下一个完美的印象。于是，他们就有了虚构的家人。"完美只存在于虚构的世界"，这句话也是赫伯特·J.弗罗伊登贝格尔的名言。

这些他们在心理层面上虚构出来的家人，从社会层面上看构成了一个正常的家庭。只不过，从社会层面上看是正常的，并不代表他们就是可以互相鼓励、互相帮助的一家人。

人只有在解决了自己内心的冲突之后，才有心情去"鼓励、夸奖、关心"他人。

否则，鼓励就会变成"威胁"，变成被冠以鼓励之名的威胁。

---

① 美国心理分析学家，曾提出身心耗竭综合征的概念。——译者注

夸奖就会变成"煽动"，关心就会变成"束缚"。

颠倒亲子角色的父母的真正育儿动机被隐藏起来了。在这种环境下长大的孩子总会感受到莫名的压力。

父母们一直戴着面具生活，孩子也不例外。当父母的焦虑、对爱的渴望、无力感、在社会上的自卑感等心理戴上了爱的面具流露在孩子面前时，他们面前就会出现一个"顺从坦诚的好孩子"。

"颠倒亲子角色"的家庭会孕育出"成功是无谓的，只有家人的爱才有价值"这种让人窒息的价值观。事实上是父母想出人头地却未能如愿以偿，只是他们不愿承认这一现实。所以他们便拿爱和家庭防御性价值来当幌子。颠倒亲子角色的父母其实是不相信家庭和爱的。

那么，他们究竟以爱为名做了些什么呢？

如果父母的占有欲很强，他们的恨意和恐惧便会戴着爱的面具流露在孩子面前。

这样的父母不会把自己的能力用在自我实现上，他们只会利用孩子解决自己内心的冲突。他们强迫孩子顺从他们，并且巧妙地控制孩子。

"比起过度虚伪的爱，缺乏真实的爱对孩子而言更好受一些"，这是我在扬·亨德里克·范登贝尔赫（Jan Hendrik van den Berg）^① 所著的《可疑的母爱》(『疑わしき母性愛』) 中读到的一句话。

颠倒亲子角色的父母总是不敢直面内心的问题，他们把孩子牵扯进来，致使孩子心理异常。

人的内心一旦产生冲突，就会企图控制他人，而最容易控制的人便是自己的孩子。

一位带有自恋情结的父亲即使在现实中一无是处，他也会强迫孩子认为自己是一个"伟大的父亲"。

他会巧妙地控制孩子，让孩子承认自己的伟大。

自恋者们总是"试图扭曲现实，使得现实中的他们在某种程度上与其自我陶醉式的自画像一致"。

---

① 荷兰精神病学家，主要从事现象学心理疗法和代谢学方面的研究工作。——译者注

3.6　依赖与敌意

依赖心理的背后其实是控制欲，这会导致依赖心理强的人与其依赖对象形成敌对的关系。

这是因为他们总是试图控制对方，而对方并不会按照他们所设想的那般行动，于是便会形成"敌对性依赖"的关系。

颠倒亲子角色的父母，他们的依赖心理犹如幼儿那般强烈。所谓依赖心理强，具体表现就是他们只想着让别人为自己当牛做马，所以这样的人在现实的人际交往中很容易产生愤怒的情绪。出于恋母情结，他们会给身边的人提出诸多要求。当这些要求无法被实现时，他们心中便会产生强烈的愤怒。

他们没有"我应该做些什么"的自觉，只会考虑"让别人替自己做些什么"。他们脑海里根本没有"这是我应该做的事"的概念。

许多学者曾谈及"依赖与控制"的关系，其实二者皆为"对爱饥渴"的特征。一个人对爱的饥渴感越强烈，就越希望他人可以按照自己的设想行动，如果事与愿违，他就会受伤。

"依赖与敌意"的关系也如此，二者皆为"对爱饥渴"的症状。

正因为他们依赖着对方，所以总是希望对方能按自己的意愿来行动。如果未能如愿，他们就会受伤、对对方产生敌意。

如果他们向他人求助，而他人却不愿伸出援手，他们就会因此受伤而发怒。

这样的人即使谈了恋爱，感情之路也注定坎坷。因为对爱的饥渴感会演变为"依赖与敌意"，致使他们对自己的依赖对象——恋人产生敌意。

当一个人依赖某个人时，对那个人的要求就会变得越来越多。要求越多，因为要求无法被满足而受伤的机会也就越来越多。

颠倒亲子角色的父母几乎在所有人际关系的经营问题上都一败涂地，于是他们便想通过亲子关系一举解决"对爱饥渴"与

"不善经营人际关系"的矛盾。并且他们对孩子的要求也必然是互相矛盾的。颠倒亲子角色的父母一边对孩子发火，一边又试图从孩子身上寻求爱。

这种矛盾就是具有强烈神经症倾向的人的普遍特征。当他们想与某个人亲近时，不知为何心中就会对其产生敌对的情绪。可他们一旦出于这种敌对心理而疏远对方，心中又会莫名涌现出与之亲近的想法。

比如那些"家里蹲"的人，他们虽然讨厌家人，但离开了家人又活不下去，所以便成日蛰居在家。"家里蹲"的人很可能是神经症患者，他们心中多多少少都藏着一些矛盾。他们虽然讨厌家人，却无法离开家人。他们希望家人理会自己，却又讨厌被理会。他们讨厌被干涉，可如果没有人干涉他们又会觉得孤独。

一旦孩子的行动不符合他们的心意，颠倒亲子角色的父母就会对孩子产生敌意。这些父母讨厌的不只是自己的孩子，还有"所有人类"。

他们痛恨他人到了什么程度呢？对他们而言，攻击他人甚至成了一种疗愈心灵的方式。因为在他们开始颠倒亲子角色之前，他们经营的所有人际关系都以失败告终了。所有此前未能化解的恨意，全都被带进了亲子关系当中。总而言之，他们就是想一味地依恋自己的孩子。

在他们的潜意识里，孩子的人生过得越糟糕他们越高兴。虽然在意识世界里，他们一直在强调这有多么令人难受，但在潜意识世界里他们却十分欢喜。

颠倒亲子角色的父母会虐待他们的依恋对象，对依恋对象大发怒火。

他们在孩子面前是利己主义者，但在他人面前却是利他主义者。这也是颠倒亲子角色的父母有时会被认为是"宠爱孩子的父母"的原因。

举个例子，有一位丈夫时常对妻子施暴，大家便纷纷抨击他。所以在他害怕妻子、不敢对妻子动手后，他就会对孩子施暴。在这种情况下的暴力比起他施加在妻子身上的暴力更为惨烈。

卡伦·霍妮曾说过，神经症患者生活在两个世界里，一个是私人世界，另一个是公共世界。公共世界指的是外在的世界，而私人世界指的是"亲子角色颠倒"的世界，是内在的世界。

3.7　真实的自己

一个人小的时候，如果对他而言非常重要的人拒绝接受真实的他，那么他自己也会拒绝接受真实的自己。

要想拥有一颗健全的心，最重要的是自己的所作所为要尽量满足"原本的自己"的期望，而非满足他人的期望。

但是，在"亲子角色颠倒"的环境中长大的孩子通常都已经放弃了自己。从社会层面上来讲，这些孩子只要不引发什么社会性事件，在别人眼里都是正常的孩子。

颠倒亲子角色的父母也如此。从社会层面上来讲，他们在别人眼里都是正常的父母。

马斯洛提出的"完美矛盾"这一说法，指的是社会层面的正常和心理层面的正常是矛盾的。

胡伯图斯·泰伦巴赫（Hubertus Tellenbach）[1]也曾提出"病态正常"这一说法，指出一个人在社会层面上虽然是正常的，但其实患有心理疾病。

一个人被迫去做一个不像自己的人，并不一定就会犯罪或者做出伤天害理的事。虽然他在社会层面上是完全正常的，但真实的他却可能不被世人所接受。事实上，他的生活并没有自我。

肉体层面的伤害有可能构成犯罪，但心理层面的伤害在法律意义上并不会构成犯罪。比如，一位看似宠爱孩子的父亲其实是施虐狂，是杀人犯，但世人却把他当作一位宠爱孩子的理想父亲。

在"亲子角色颠倒"的案例中，父母和孩子在社会层面上都是正常的，但在心理层面上，亲子双方都是病患。只是，一旦这些家庭引发某些社会事件，受到抨击的总是孩子。

周围的人并不会关注神经症患者的内心世界，他们只会说当

---

① 德国精神病学家。——译者注

事人的父母"不是那样的人"，但提到孩子时却会说"不明白为什么他会那么做"。

他们到底缺失了什么才会做出如此行径呢?

马斯洛则给出了答案，二者都丢失了真正的自我，二者都丢失了对自我的肯定。

马斯洛说过，真正的自我指的是成长的能力，是一个人得以安身立命的根本系统。

在颠倒亲子角色的家庭中，亲子双方都以"伪自我"的状态生活，虽然从社会层面上看他们是正常的，但二者的自我都处于被分裂的状态。

这也是为什么当社会事件发生时，媒体都会异口同声地提出这样的疑问:"那个温馨和睦的家庭里究竟发生了什么?"

▶ 第四章　育儿的背后

FOUR

4.1 过度宠爱

"亲子角色颠倒"的一大特征就是"隐形"。

颠倒亲子角色的父母在现实中从孩子身上获得了心理慰藉，却没有意识到自己正在颠倒亲子角色。

尽管他们一直在压榨孩子，但他们反而认为自己为孩子奉献了所有。这种"明明是在剥夺，却以为自己在奉献"的错觉越强烈，他们在现实中压榨孩子的行为就越严重。

他们为了疗愈自己的内心而没完没了地攻击、压榨自己的孩子，而且越是对孩子敲骨吸髓，他们越觉得自己对孩子充满了爱。

不仅父母有这种错觉，孩子也会产生这种错觉。换言之，尽管孩子受尽欺凌、饱尝痛苦，但还是认为自己是"被爱着"的。可见双方有多么害怕陷入焦虑与恐惧之中。归根结底，对他们而言，要想躲避焦虑，逃进幻想的世界里是最行之有效的。

在这种情况下，孩子看起来像被过度宠爱着，但其实父母在心底对孩子充满了敌意，宠爱只是敌意的反向形成[①]而已。

这种敌意的反向形成导致父母过度"爱"孩子。

孩子并不会因为被过度宠爱而变坏，相反，当孩子撒娇时，满足孩子的需求才是正确的做法。只有孩子的需求得到满足，他们才能获得心理层面上的成长。

约翰·鲍比介绍弗洛伊德的理论时有如下表述。

"患有神经症的父母通常都热衷于向孩子展示他们过度的爱，他们通过爱抚的方式，诱发孩子们体内易患神经症的属性，这一点是毋庸置疑的。"

大多数人都认同爱抚的重要性，但这其中有一个问题。这也

---

① 心理防御机制的一种，指人在意识层面采取与潜意识欲望完全相反的看法和行动，比如明明喜欢一个东西却表现出厌恶。——译者注

是西格蒙德·弗洛伊德曾提出的问题。

那么神经症患者的爱抚究竟是怎么回事呢？

神经症患者的爱容易过度。其实，患有神经症的父母之所以爱抚孩子，只是为了让自己安心。正常的爱抚是出于本能，心理健康的人不会为了让自己安心而爱抚他人。但神经症患者却总试图通过抱孩子来让自己安心。当神经症患者爱抚对方时，对方就好比一个布偶玩具。

弗洛伊德所说的神经症患者的爱抚，指的是为了让自己安心而爱抚孩子的行为。颠倒亲子角色的父母对孩子的爱抚就是其中一个典型的例子。

父母对孩子的爱，通过他们抱孩子的姿势就能看得一清二楚。有的母亲口口声声说"我爱我的孩子"，可她们抱孩子的姿势却很奇怪。她们总是抱得很用力，一点儿也不自然。抱孩子讲究的不是技巧，而是心意。

虽说神经症患者的爱容易过度，这在外界看来就是对孩子的宠爱，但他们的爱抚完全是为了让自己安心。

因此媒体有时会把一个重度神经症患者形容为"宠爱孩子的

父亲"。

　　父母给孩子带来的消极影响不仅体现在神经症式的爱抚上，还体现在对待孩子的态度缺乏一贯性上。比如，他们时而宠爱孩子，时而非常严格地管教孩子。这种行为的影响也相当恶劣。

　　父母对待孩子的态度缺乏一贯性会带给孩子莫大的焦虑。

　　孩子永远无法预料到什么时候父母会从"过度宠爱"变成"过度严格"。

　　在这时而宠爱、时而严格、严重缺乏连贯性的育儿过程中，父母看似宠爱孩子，其实正在向孩子撒娇，以满足自己对爱的饥渴感。

　　这也可以理解为敌意的反向形成是一种过度补偿的行为。

　　在外界看来"十分宠爱孩子"的行为在很多情况下都是"过度的虚伪的爱"。媒体口中的"宠爱孩子"基本上都是父母的敌意和过度补偿的体现而已。

4.2　隐形虐待

在"亲子角色颠倒"的案例中，即使孩子被父母百般压榨、无视、虐待，他们依旧会在父母身上寻求爱。这是人之常情。

即便被父母无休无止地虐待、压榨，孩子还是想要相信自己的父母是"好爸爸、好妈妈"。他们中的很多人在意识层面上，都认为自己的父母是"好爸爸、好妈妈"。

在"亲子角色颠倒"的环境下长大的孩子，很多时候都会把痛苦的体验误认为是"快乐的体验"。

比如，明明少年时期的经历在长大之后回想起来充满痛苦，他们却相信"少年时期的自己特别快乐"。他们之所以没有意识到事情的真相，是因为害怕父母认为自己是个坏孩子。这样的孩子丢失了真正的自我，丢失了对自我的肯定。

在"亲子角色颠倒"的案例中，双方都失去了成长的动力。孩子们无法给自己的父母差评，也是因为他们对父母的依赖心理太强。但另一方面，他们又对父母心怀恨意。孩子之所以对父母抱有恨意就是因为对父母的依赖心理太强，因为他们害怕变得孤零零的，害怕"被孤立、被放逐"。恨意与依赖同时存在，到底该如何处理这两种互相矛盾的心理呢？他们选择压抑自己对父母的恨意。

有人无法理解父母为何会欺负自己的孩子。这里的"欺负"，一言以蔽之，就是父母利用孩子解决自己内心冲突的行为。

举个简单的例子，比如自我憎恨的外化的表现方式之一就是欺负孩子。他们可以透过孩子感受到自己对自己的恨意。他们不仅颠倒亲子角色，而且还会因为对孩子的依赖心理过强而对孩子不满甚至心生敌意。

颠倒亲子角色的父母会对孩子产生敌意正是依恋心理的必然结果。

有些人听到"猫虐杀老鼠"这句话时，可能会觉得动物真残忍。但那些拿思虑敏感的孩子来打趣的人的心理其实与虐杀老鼠的猫无异。

如果一个人是幸福的，那么他并不需要谋求刺激感和兴奋感。

那究竟在什么情况下父母会欺负孩子呢？

比如，有的父母会为了解决自己的焦虑型依恋问题，而威胁孩子要抛弃他们。

其实颠倒亲子角色的父母自己本身是想跟孩子撒娇的，他们"威胁"孩子是为了让孩子不要逃离自己。

这种心理与猫虐杀老鼠是一样的，猫也是先设法让老鼠无处可逃，使其成为自己的玩物，然后再肆意欺负老鼠。

约翰·鲍比说过，在一些案例中，父母把监护人的职责交给了孩子。

"在这些案例中，表现出过度依赖的，用更恰当的术语来说应该是，表现出焦虑型依恋的，不是孩子而是父母。"

父母之所以威胁孩子要抛弃他们，是为了解决自己的焦虑型依恋。因为孩子没有按照自己的意愿行动，他们就变得异常烦躁。

孩子们所感受到的强烈的焦虑"通常都能够被证实，那并不是对父母过度的爱所做出的反应，而更接近于对一种恰恰与之相反的体验所做出的反应"。

"另一方面，父母的威胁，比如'不爱你了''不要你了'等，也是一种很容易被隐形的威胁。"

当孩子引发某些问题时，用"过度依赖""被过度宠爱"等词汇形容孩子，是有失公允的。

正如约翰·鲍比所说，那些大家认为是过度宠爱导致的行为，并不是过度满足造成的，而是无法确定依恋对象的有效性造成的。

换言之，孩子长大后变得焦虑，并不是因为被过度宠爱，而是因为父母对孩子表现出了焦虑型的依恋心理，从而使孩子遭受了"惨痛体验"。

4.3　堆积在心中的不甘

颠倒亲子角色的父母虽然对孩子毫不关心，但一旦孩子不对他们言听计从，便会勃然大怒。这种愤怒是由于孩子刺激了他们的自恋情结。

"亲子角色颠倒"给父母提供了解决内心冲突的综合方案。父母试图通过"亲子角色颠倒"全面解决前半生遇到的所有矛盾以及日常生活中各方面的问题。借用卡伦·霍妮的话来说就是"神经症式的解决法"。

他们把在日常生活中，因为撒娇没有得到满足而产生的各种各样的恨意统统都发泄到孩子身上。由此可见孩子们受父母欺凌的程度非同小可。

他们无论跟谁接触，都会感到不甘。比如，他们对配偶撒娇，如果没有得到满足，便对配偶心生恨意。他们对至今为止遇到的所有人都撒娇，包括岳父岳母、自己的朋友等，但是他们都未能得到满足，所以便心生恨意，并且企图通过欺负孩子的方式消解自己心中所有的恨意。

但由于他们过于软弱，无法通过在人生的战场上英勇作战的方式宣泄这种不甘。他们没有"我要过上理想生活"的雄心壮志，他们只是一味地被心中的不甘所控制，成日欺负自己的孩子。

而且他们还和家里其他孩子联合起来，一起欺负那个看起来最容易欺负的、最温柔的孩子。不用说，在所有孩子当中，颠倒亲子角色的父母对那个被欺负的孩子撒娇最多。他们一边深度依赖着那个被欺负的孩子，一边将他排挤出家庭。

"亲子角色颠倒"演化到这种地步，就成了神经症式的"亲子角色颠倒"。

颠倒亲子角色的父母内心是绝望的，他们已经心如死灰了。

卡伦·霍妮说过："令人绝望的痛苦使人变成一个对他人而言

有毒的人。"乔治·温伯格也曾在其著作中提到有毒的人。

无法获得幸福的人不论眼前是"有毒的食物",还是"健康的食物",他们都会无差别地摄入,最终成为一个"有毒的人"。

人类最大的责任和义务应该是"让自己变得幸福"。

无论是"善意的施虐"还是"虐爱",背后都隐藏着深深的绝望。颠倒亲子角色的父母发自心底对自己感到绝望,他们仅靠着心中的"不甘"支撑自己生活下去。

学者们解释心理韧性 [①] 时经常使用的词是,他们不是主动的,而是被动的。简而言之,他们只会对他人的言行做出反应,而不会自发地采取行动。

"有自我"才会主动,"没有自我"就会被动。

"有自我"的人不会被他人的态度所影响,他们一直遵循着自己内心原本的情感而生活。"没有自我"的人总是被他人的态度所影响,他们不会想要遵循自己内心原本的情感,而是一直生活在

---

① 面对严重威胁,个体的适应与发展仍然良好的现象。对于心理韧性的概念,学术界至今没有统一的认识。——编者注

"不甘心"这一情绪的支配之下。

神经症特征之一就体现在神经症式的解决法上。最有代表性的例子就是施虐与受虐。施虐是自我扩张型的解决法，受虐是自我毁灭型的解决法。

颠倒亲子角色的父母总是试图通过"亲子角色颠倒"消除自己的神经症。他们不去直面自己内心的冲突，不去实现自我，只是带着一颗病恹恹的心，在世上苟延残喘。

他们身上没有想要凭一己之力解决人生问题的态度。他们无法成功地解决人生问题，最后便企图把孩子牵扯进来，借助孩子解决自己心中的所有矛盾。这就是神经症式的"亲子角色颠倒"。从这个层面上来讲，"亲子角色颠倒"就是神经症式解决法的其中一种方式。

颠倒亲子角色的父母从小就很狡猾，他们善于投机取巧，而不愿解决自己所面临的问题。一旦遇到问题，他们总是习惯把责任推卸给他人。所以他们积攒在心中的问题不论是从性质还是从数量来看都非同小可。

如果要用一个词来表达他们的情感，那就是"不甘心"。

那么有什么办法可以一并解决那些数量庞大且性质恶劣的问题呢？答案就是"亲子角色颠倒"。

那些颠倒亲子角色的父母在过往的人际关系中屡屡受挫。而且，他们不是在经过一番争取、努力后受挫，也不是在战斗之后受挫。他们只是一味地撒娇，不停地回避努力，在坐享其成的白日梦中受挫也是理所当然的。

所以孩子成了他们最后的救命稻草。

如果不颠倒亲子角色，他们很可能已经自寻短见、一了百了了。他们自以为可以逃避那些其实不可逃避的人生问题，但他们失算了。

正如上文所述，颠倒亲子角色的父母很狡猾，他们善于投机取巧而没有个人的意志。

他们会对孩子说"这个家以后就是你的"，用财产继承来让孩子对自己感恩戴德，从而操控孩子。

但他们并不是有意"欺骗"孩子，他们不仅在对孩子撒谎，也在对自己撒谎。

他们就这样自欺欺人，最后再把事情糊弄过去。说得具体点，就是把财产分配给其他孩子。

他们实际上是在欺骗自己的孩子，而且他们的狡猾之处在于他们欺骗了孩子，却不自知。

"狡猾"是颠倒亲子角色的父母共同的态度特征，"不甘心"是他们共同的情感特征。

4.4　把孩子当发泄口的父母

颠倒亲子角色的父母不论在哪儿都没有同伴。他们不仅讨厌家人，而且从学生时代开始身边就没有朋友，公司里也没有与之亲近的人。

因为他们在生活中总是不断地逃避那些其实不可逃避的人生问题，所以无论走到哪儿他们都难以与他人产生心灵层面的交流。

他们无法和他人交流，也就不会和同事边喝酒边说上司的坏话，借此发泄心中的郁闷。

他们只能依靠自己的孩子。

颠倒亲子角色的父母企图将所有负面情感都发泄在孩子身上。

因此，他们对孩子的占有欲非常强烈，就像幼儿对母亲的占有欲一样。

颠倒亲子角色的父母总是孤立自己的孩子，不希望孩子跟小伙伴们变得亲近。

卡伦·霍妮在解释虐爱时曾经说过："他们还会孤立自己的伴侣。一边声明他对伴侣的所有权，一边贬低伴侣的价值以对其施加压力，最后将他的伴侣逼入完全依赖他的状态。"

颠倒亲子角色的父母就是如此。

卡伦·霍妮还说："他对生活感到愤怒，因为他的所有期望都落空了。"

他拥有所有可以使自己变得幸福的因素，包括安全、家庭、有奉献精神的伴侣，但是却因为内在原因无论做什么都无法享受其中。颠倒亲子角色的父母也拥有所有的幸福因素，包括亲子、家庭、工作，等等。但内在原因——"不甘心"的情绪，导致他们无法享受这一切。因为他们心里装着"地狱"，即便所有外在条件有如世外桃源般美好，他们也无法享受自己的生活。

他们不正视自己的内心世界，而试图通过依恋孩子解决人生问题。

正如卡伦·霍妮所说"他无论做什么事情都郁郁寡欢"。

颠倒亲子角色的父母正是如此。他们郁郁寡欢的原因就在于"不甘心"，在于自我憎恨，但他们却以为原因在孩子身上，所以时常责备自己的孩子。

自我憎恨的人无论做什么事情都郁郁寡欢。颠倒亲子角色的父母之所以经常责备孩子，其真正原因就在于此。

那些觉得生活无趣的人，在意识层面上，是在严厉地管教孩子，但其实在潜意识层面，他们是在欺凌孩子，也就是对孩子施加精神暴力。

他们把自己无法享受生活的原因——"自我憎恨"转嫁到对待孩子的态度上。

所以当孩子不按他们的意愿行事时，他们便怒不可遏。报纸上曾经登过一个案例，一位医生因为自己的孩子成绩不尽如人意，就让孩子在重症监护室里学习。

这样的行为最终会致使孩子罹患神经症。当父母出于自己潜意识的需要育儿时，神经症就会在孩子身上出现。

父母们为了解决自己的内心冲突，就堂而皇之地把孩子牵扯进来。

心灵弱小的人为了解决自己的内心冲突，往往会牵扯他人，而最容易被牵扯进来的就是自己的孩子。

换句话说，心理问题越多的人越容易牵连自己的孩子，而且问题越严重，孩子受牵连的程度越深。或者他们会牵连孩子以外的人，比如自己的配偶或者恋人。又或者明明自己在社会层面上是个无能者，却一边受惠于社会，一边叫嚷着社会有多不好。一个对社会施害的人，反而假扮成社会的受害者不停叫嚣，这就是非抑制型人格的人。

反之就是抑制型人格的人，也就是颠倒亲子角色的父母。父母们之所以把孩子牵扯进自己的内心冲突当中，是因为他们无法对除了孩子以外的人下手。他们曾经试图将其他人牵扯进来，却屡屡碰壁，最后他们只能牵连自己的孩子。如果不把孩子牵扯进来，他们只有死路一条。因此，他们的恋子情结极其严重。

这些父母的自我脆弱到完全不能发挥应有的作用，换句话说他们完全无法自立，没有自己的愿望或者需求，有的只是"不甘心"。

这些父母在心理层面上完全是一个幼儿，因为只有幼儿才随时需要母亲。对于颠倒亲子角色的父母来说，孩子就相当于幼儿眼里的母亲。

在一些家庭暴力的案例中，孩子虽然敢在父母面前撒野胡闹，但在朋友面前却一直畏畏缩缩。他们"在外是羊，在家是狼"。

不论是孩子对父母施加暴力，还是颠倒亲子角色的父母对孩子施加暴力，本质上都是一样的，在外都是畏首畏尾的。

缺乏内在力量的人会把心中所有的恨意都发泄在他们可以与之撒娇的人身上，唯独对这个人异常凶横。

他们会瞧不起允许他人虐待自己的人。

而这些瞧不起他人的施暴者实际上是一群无法与他人进行心灵交流的人。他们在心理层面上也是孤立无援的。

日语里"瞧不起"原本的意思是"舔"，是一个用在食物上的词。这个词用在人身上，就成了"瞧不起人"的意思，本质上这是一种想要满足个人的幼儿式愿望的行为。

那些颠倒亲子角色的父母也带有这种心理，他们瞧不起自己的孩子。

　　他们渴望与身边的人进行心灵交流，却未能得偿所愿。他们想向其他人撒娇，可是身为一个成年人又无法向他人撒娇。虽然已经长大成人，但他们身边并没有与之亲近的人。

　　这些父母一直渴望与他人进行心灵交流，却没有人愿意与之交心，所以他们开始闹脾气，他们会有这样的反应也不难理解。

　　总而言之，他们就是一直在否定一切，又因为心怀不甘所以不停地闹别扭，然后变得越来越孤立。最后，他们便试图通过亲子关系寻求心灵交流，同时排解自己不甘的情绪，满足自己对爱的饥渴感。

　　这样的父母因为情绪不成熟，所以他们在家中无法和配偶心灵交流，在公司也没有相互信任的人。最终，他们在心理层面上陷入了孤立无援的境地。

　　他们为了摆脱这种境地，拼命地"颠倒亲子角色"。颠倒亲子角色的父母在心理层面上是很幼稚的，他们会把经年累月积累下来的所有的不满都发泄在自己喜欢的那个孩子身上，向孩子倾倒所有的负面情感，就像翻斗车倾倒沙土一样。孩子就是父母负面情感的垃圾场。

他们的孩子岂止承担了垃圾场的角色，还要负责扮演父母的角色，甚至还要负责扮演父母之外的角色。

这些父母不仅把至今以来在外积攒的怨愤全都倾倒在孩子身上，还会把在家中因为夫妻关系不和而积攒的怨愤也全部发泄在孩子身上。这就导致了孩子不得不生活在强烈的恐惧之下。这些孩子长大后的所有作为的动机都将变成恐惧。

"孩子的性格因父母的性格而定型，并基于父母的性格进一步发展。"

父母通过颠倒亲子角色的方式向孩子撒娇，他们"撒娇时提出的愿望"会逐渐演变成对孩子的"要求"。如果这些要求无法实现，就会进一步发展成为"愤怒"。当他们无法处理好这强烈的愤怒感时，心中便会产生深深的焦虑。

人生当中会遇到困难是理所当然的，而如果一个人对他人提出的要求高得不可理喻，这说明他是一个无法接受困难的人。

这样的人成天唉声叹气，他们总想着"我的家人怎么这样呢"

从而陷入自我怜悯。

可以说当发展到"亲子角色颠倒"的地步时，父母的人生已经接近走投无路了。颠倒亲子角色对他们而言就是最后的手段，如果连亲子角色颠倒也失败了，他们就真的只有"死路一条"了。

4.5　施恩图报

神经症患者要想解决自身内心的冲突，方法有几种，其中一种叫作"施恩图报"。也可以理解为，戴着正义的面具，实则充满恨意地"管教"。对爱抱有神经症需要的人在向对方寻求爱的时候，会拉起正义或者恩情的大旗。

颠倒亲子角色的父母只有通过"施恩"于孩子，才能与孩子维持亲子关系。

因为他们不懂得如何与人交流，所以会对孩子们说："你跟其他人不一样，你很幸福。你看别人家的孩子多么不幸，而你过得多好呀。"

　　他们会说："只有我才会给你买这个柿子。"当然，并不一定是柿子，举这个例子是说他们就连买个柿子也要让孩子感恩戴德。

　　阿尔弗雷德·阿德勒认为，人从儿时开始，就会为了获得爱而表现出具有攻击性的态度，有时是直接攻击，有时是隐形攻击。

　　阿德勒在其著作中以人物 D 为例，对这种在社会层面上时而外露、时而隐形的攻击性进行了说明。D 就是一个好以恩人自居的人，他总是无法直接向家人提出自己的要求。

　　颠倒亲子角色的父母大多数都好以恩人自居，那其实是他们对孩子的攻击性的间接体现。

　　喜欢"施恩"于孩子的父母总试图让孩子觉得自己很"愚蠢"。受恩者不得不认为自己是一个毫无价值且愚蠢的人。

　　所谓受恩，实际上就是被"自己是一个不麻烦别人就无法存活于世的人"这一概念影响。受恩者不得不认为自己时刻都在给他人添麻烦，甚至觉得连自己"此刻出现在这里"对对方而言都是一个麻烦。这就导致他们不得不时刻给自己"此刻为何会出现在这里"寻找合适的理由。

当一个人被逼到"感觉自己仿佛在用假名生活一样"的境地时，他们心中的自我形象其实是身边那些对他们"施恩"的人替他们塑造出来的虚假形象。

如果那些好以恩人自居的父母不断地向孩子鼓吹自己的价值，你觉得事态会如何发展呢？

比如，一位父亲总是对孩子说："我是为了你才这么辛苦地工作的，要不是因为你不如别人家的孩子，我至于这么辛苦吗"通过这样的话语将"父亲对我无比重要"的观念灌输给孩子。

这些父母通过不断告诉孩子"你的存在本身就是个麻烦"鼓吹自己的价值。如此他们便可以消除自己的无价值感。

他们从孩子小时候就不停地给孩子灌输"你多亏了我才能活下去，为了养活你我才如此辛苦"之类的想法，借此要求孩子对他们感恩戴德，如此他们便可以宽慰因为感受不到自我价值感而痛苦的自己。

这样的父母的所作所为都是在施恩图报。他们总是把"我可以带你去这个地方""我可以给你买这个""我可以把这个带给你"等挂在嘴边，每一个日常行为都要让孩子对他们感恩戴德。而且，孩子越不如人，相对地他们的自我价值就显得越高，起码要高于普通的父母。总而言之，为了让自己显得很不容易，他们的孩子必须是"不如人"的孩子。

这样他们便可以向孩子彰显自己作为父母，要跟孩子一起生活下去有多么辛苦。苦于没有自我价值感的父母总是不可避免地这么做。如果不这么做，他们就活不下去。

从沟通分析理论的角度来讲，这种做法其实是在向孩子传递一个毁灭性的禁止信号[①]：不准活。

乐于以恩人自居的人实际上很重视和对方的人际关系，他们拼命地想要抓住这段人际关系。而且他们不会在对方面前暴露这一弱点，他们害怕和对方关系破裂，所以一直在强调自己给予对方的恩惠。在和对方相处的过程中，他们不停地向对方兜售自己的价值。

举个例子，当颠倒亲子角色的父母决定暑假带孩子去海边玩

---

① 沟通分析理论中的重要概念，是父母或主要抚养者向孩子传达的会对孩子个性发展产生不良影响的信号。——译者注

时，他们是不会白白带孩子去的。在去海边之前，他们会对孩子说"如果你很想去的话，要我带你去也不是不可以"，从而让孩子对他们感恩戴德。其实他们是想让孩子开口求他们："爸爸，带我去海边玩吧！"这样他们就能治愈自己内心的无力感。

他们中的一些人只是道貌岸然地坐在那里，毫无作为。他们一边压榨对方，一边摆出一副施恩于人的样子。

如果父母乐于以恩人自居，那么孩子在长大成人之后，即便身边的人对他们施予善意，他们也会觉得对方是在"施恩图报"。因为长年累月下来他们的神经回路已经定型，神经回路告诉他们要这么思考。

正如哈佛大学的埃伦·兰格（Ellen Langer）①教授所言，情境是会被学习的。即便对方无意让他们感恩戴德，他们也会以为对方希望他知恩图报，因而感到愤怒。这是因为大脑学习的结果告诉他们这时候应该感到愤怒。

---

① 历史上第一位获得哈佛大学终身教职的女性，著有《专念》。——译者注

所以他们会对他人发自内心的善意感到愤怒，从而对对方产生敌意。

在"亲子角色颠倒"的环境下长大的人，一定要努力学会与现实接轨。如果他们长大之后，没有认识到自己身处的世界和儿时不同，没有努力构筑新的神经回路，那么他们一生都很难获得幸福。

如果他们能融入此时此刻的现实世界，就能打开通往幸福的大门。此时此刻，他们身边并没有要求他们知恩图报的人，这就是他们需要融入的现实世界。

谁都不希望欠对方人情。就算不欠对方人情也可以保持良好关系的人才叫朋友。

即使是在亲子关系中，也没有人乐意欠对方人情。如果亲子之间不互欠人情也可以保持良好的关系，那才是真正的可以互相交心的亲子。

有时候被父母欺凌的孩子并不会告诉其他人自己受到了父母的欺凌，也不敢这么说。至于为什么，他们说："因为不想让父母担心。"同理，这样的关系已经不是正常的亲子关系了。在这样的亲子关系中，父母和孩子无法互道真心，孩子们拒绝与父母产生情感接触。

媒体在报道这类欺凌案件时会说："孩子从未说过自己受到了欺凌。"他们不是"不说"，而是"不敢说"。

4.6　假性互惠

那些颠倒亲子角色的父母身边尽是他们讨厌的人。

在有的案例中，父亲会向孩子吹嘘："我讨厌脑子不好使的人。"同时，他们还会不断向孩子强调并让孩子觉得"我是个脑子不好使的人"，使孩子陷入"如果不依靠父亲，就活不下去"的境地。

他们的惯用方法是，先让对方觉得自己是个脑子不好使的人。接着再向对方灌输"如果不依靠他们就只有死路一条"的观念，并且告诉对方："我讨厌脑子不好使的人。"

也就是说，站在孩子们的角度上看，如果不牢牢依靠讨厌自己的父母，就"必死无疑"。所以，父母只要跟孩子在一起，就足以让孩子感恩戴德了。

这样的父母认为自己已经给了孩子足够的恩惠，足以让对方感激涕零。通过这种方式，他们就能消除自己的无价值感。

颠倒亲子角色的父母一边将孩子的爱榨取得一滴不剩，一边控制孩子的认知，让孩子们认为爸爸妈妈已经把所有的爱都毫无保留地奉献给了他们。这种现象不只发生在亲子关系中，也会发生在夫妻关系中，如有机会，他们也会上演同样的戏码。内心越是焦虑不安的丈夫就越容易对妻子做出这种行为。他会不断告诉妻子"你是一个一无是处的女人"，让妻子觉得除了他以外没有别的男人看得上自己。接下来，他还会给妻子灌输"仅凭你一己之力是无法在这世上生活下去的"这一观念，然后告诉妻子："我讨厌一无是处的女人。"

这样的丈夫出于内心的"无力感"而要求妻子对他感恩戴德，他们总是以恩人自居，而且为了维持这种关系，他们会一直给妻子灌输上述想法。

而如果妻子没有按照他们的意愿行事，他们就会把目标转向孩子。由于他们无法借助夫妻关系实现自己的目的，于是便成了一个颠倒亲子角色的父亲。

不管面对的是配偶还是孩子，他们都以防御性价值观行事。

其实他们在心里比谁都想出人头地，但嘴里说出来的却是"想在公司出人头地的人真是无聊透顶"，他们绝不会承认自己无法在职场上出人头地的事实。

即使孩子出了社会，他们也要凌驾于孩子之上，所以他们会对孩子说："想在公司出人头地的人真是无聊透顶。"但其实他们内心比任何人都希望孩子获得成功。因为他们想借由孩子的成功让世人对他们刮目相看。

颠倒亲子角色的父母在孩子的各个成长阶段，为了凌驾于自己的孩子之上，会使用不同的话术。

孩子读高中时，他们会说"你一定要考上东京大学"，因为他们自己就是东大毕业生。

这种导致潜意识和意识相悖的、复杂的防御性价值观，可以在保护自身价值的同时，让自己凌驾于他人之上。

自我厌恶的人通常也讨厌其他人。

那么如果颠倒亲子角色的父母是一个拥有强烈自我厌恶感的

人，又会如何呢？

不难想象，他们的孩子会认为自己被父母讨厌了。但其实父母之所以讨厌孩子，并不是因为他们的孩子是一个让人讨厌的人。

父母讨厌孩子，但父母并不自知。只有孩子注意到了父母内心真正的想法，知道父母讨厌自己。

但其实父母并不允许孩子窥视自己内心真正的想法。孩子在潜意识里知道自己被父母讨厌后，也会开始讨厌自己的父母。

但因为孩子会害怕自己的父母，所以他们一直压抑着"讨厌与被讨厌"的感受。也就是说，他们一直将"讨厌父母与被父母讨厌"的感受封闭在潜意识世界里，而在意识世界里催眠自己："自己是爱父母的，是被父母爱着的"。

如果一个孩子从小在一群心直口快的人身边长大，那么他恐怕无法理解这一心理。

因为"相恨"不好，"相爱"才好。所以即便实际上双方互相厌恶，但他们也在努力相信双方是相爱的。

他们欺骗自己的内心，这就是压抑。

有的人就是通过自欺欺人的方式来维持双方的关系。他们将自己真实的情感赶出了意识世界。这种情况下形成的关系叫假性互惠。

这就是为什么当一个家庭发生了社会性事件，媒体上会出现这样的报道：为何曾经那么温馨和睦的家庭会……

讨厌分为两种类型：

① 我讨厌这样的我；

② 我所依赖的对象讨厌我。

在这种亲子双方互相厌恶的关系中，如果孩子是个男孩，那么父母到底在这段亲子关系当中寻求什么呢？答案有以下三点。

① 寻求建立男人之间的关系。所以，父亲会在儿子面前夸夸其谈，藐视世间万物。

② 寻求建立父子关系。所以，父亲会催促孩子："快去学习。"

③ 在儿子身上寻求母爱。所以，父亲把孩子当成了代理妈妈。

颠倒亲子角色的父母总是向孩子索要一切，他们一直在冲孩子叫喊："快来救我！我实在活不下去了！"

在这样的亲子关系中有一个很重要但却一直被忽视的点。那就是，颠倒亲子角色的父亲心里其实对自己没能成为一名"强大的父亲"，辜负了家人的期望感到非常绝望。这种不满与向母亲撒娇而没有得到满足时的需求不满完全不同。于是父亲们试图将自己的孩子打造成一个"强大的人"，通过这种方式来博得他那"强大的父亲"的认同。

也就是说，孙子之所以被要求成为一个强大的人，实际上是因为父亲认为爷爷对他有此要求。颠倒亲子角色的父亲认为自己的父母要求自己成为一个"强大而聪明的孩子"。但他们自己并没有实现这一要求。于是他们便要求儿子成为那样的人，不停地折腾自己的儿子。父亲在他和父母相处的过程中没能成为一个"理想的我"，所以他便把这一要求施加在儿子身上。

总而言之，颠倒亲子角色的父母会将自己心中没有得到满足的要求统统都施加在孩子身上。

即便如此，他们在生活中还是继续一味地逃避、逃避、再逃避。他们活在这世上却不愿与任何现实做斗争，久而久之便连该走的路在哪里都搞不清楚了。

▶ 第五章　直面真相

FIVE

5.1　强迫行为的形成原因

有些人的性格是迎合型的，他们遇到问题时总觉得凭一己之力应付不来，于是他们往往会选择逃避。他们会为了寻求保护而迎合他人，也就是说，习惯性地躲到"保护与迎合的关系"这把保护伞下。

他们总是压抑着那个缺乏自信的自我，但无论如何压抑，在他们内心深处还是听得到"我是个没自信的人"的呐喊。

这被压抑的呐喊声会煽动他们的意识，甚至给他们的言行也带来影响。

比如，父母一直压抑着"我是个没自信的人"的心声，就容易产生强迫症式的恋子情结，导致无法离开自己的孩子。能够保护他们不被"我是个没自信的人"这个真相击倒的，只有强迫症式的恋子情结。只要一直念叨着"孩子和家人"，他们就可以不必面对自己"缺乏在这个充满竞争的社会中存活下去的自信"这一现实问题。只要不停地告诉自己"生命中最重要的是孩子，人生中只有家人才有价值"，他们就可以回避内心真正的想法："我没有自信在这个充满竞争的社会中存活下去。"

这些声音可以保护他们免受内心真正想法的伤害。"只有家人才有价值，财富、名望全都一文不值，可怜社会上尽是不明事理的蠢人"，只有这种价值观才能保护他们的自我价值不被剥夺。

这将导致他们产生强迫症式的恋子情结。如果他们不执着于自己的孩子，就不可避免地要去面对内心真正的想法。

有的人生性固执，而且是强迫症式的固执，他们的性格特征可以用"深闭固拒、冥顽不灵"形容。这些人一直压抑着"想获得他人的认同"的愿望。

颠倒亲子角色的父母也是如此。

只要一直告诉自己"只有家人才有价值，只有孩子才有价值"，他们就可以不必面对"有关自身的现实问题"——自己缺乏在激烈的社会竞争中存活下去的信心。

一旦他们想要逃避现实、无视自己真正的心声，"亲子角色颠倒"就会变成一种强迫行为。除了依恋自己讨厌的家人之外，他们别无他法。

就算他们刻意不依恋自己的孩子，最终也不得不依恋孩子。"刻意不依恋孩子"是一种意识层面的努力，但潜意识里的需要仍然控制着他们。

如果人一直压抑着内心真正的愿望，就会变得焦虑。为了逃避这种焦虑而采取的行动，就会变成一种强迫行为。对焦虑的消极回避将剥夺人享受生活的能力。

对于这样的人，即便你告诉他们"要培养自己的兴趣爱好"，他们依旧对一切事物了无兴致。

就算你推荐他们参观美术馆，或者建议他们打打高尔夫、玩玩庭院种植，读读想读的书，他们也做不到。即使客观条件充足，他们也无能为力。

还有人强迫症式地追求名望，强迫自己努力。过去有种说法，叫地位追求者（status seeker）。对于"地位追求者"而言，如果能够获得一定的社会地位，他们就可以屏蔽"自己是个无能的人"的感觉。即使他们非常清楚社会地位并不能给他们带来幸福，但还是无法停止追求社会地位的步伐。

用乔治·温伯格的话来说就是，"无论什么事都可以演变成强迫行为"。

当人想要逃避潜意识里的东西而去做某件事的时候，那件事就会变成强迫行为，导致他们不得不无休无止地做那件事。

有人觉得"自己总是无法和身边的人亲近"，他们为了逃避这种"对自己的绝望感"，而躲到工作这把保护伞下。所以他们就变成了如果不工作就浑身难受的工作狂。即使精疲力竭、累到身体快撑不下去，他们也无法停止工作。对他们而言，工作不只是为了混口饭吃。

还有的人高度依赖自己的家人，他们时时刻刻都把家人挂在嘴边。这其实是因为他们职场失意，为了逃避"对自己的绝望感"，他们便开始告诉自己"家人最重要"，所以就成了一个"家人依赖症"患者。如果不时常把家人挂在嘴边，"对自己的绝望感"

就会上升到他们的意识世界。

依赖症其实就是在逃避真相，是一种消极的回避焦虑的方式。家人依赖症和酒精依赖症在心理层面上其实是一样的，但也有不同之处。

酒精依赖症患者虽然不喝酒就浑身不自在，但他们并没有对酒有什么不满，也没有生酒的气。他们也不是因为单纯喜欢才嗜酒，只是不喝酒就浑身难受而已。虽然他们知道喝酒对自己的身体不好，但还是无法停止喝酒，仅此而已。

就像酒精依赖症患者好像离开酒精就活不下去一样，家人依赖症患者离开自己的家人也好像活不下去似的。但不仅如此，颠倒亲子角色的父母依恋着孩子的同时，又对孩子心怀不满和怒意。比起那些疏远自己的人，他们更讨厌与之亲近的家人。

如果一个小孩想撒娇，但是他的母亲没有满足他的需求，他便会对母亲心生不满。比如，如果没有如自己所愿听到母亲夸奖他"宝贝你好棒"，孩子就会感到不满。所以，这样的孩子会时不时地因为母亲冷淡的态度而生气，会冲着母亲叫嚷："我是最厉害的！我是最棒的！"颠倒亲子角色的父母，其实就像这些孩子一样。他们会煞有介事地找一堆理由，但本质上就是在向家人和孩子叫嚷："我是最厉害的！我是最棒的！"如果条件不允许他们冲家人和孩子这般"叫嚷"，他们就会摆出一副恩人的架子，或者一脸不高兴的样子。总之，他们内心深处充满敌意。

父母摆出一副臭脸其实就相当于在对孩子们说："快来逗我开心！"这不正是"亲子角色颠倒"吗？

乔治·温伯格说过，几乎所有的事情都有可能演变成强迫行为。

"即便是许多出于某些值得推荐的理由而做的健康的行为，一旦被认为是应尽的职责，就会变成强迫行为。不论是慢跑、学习，还是读书，统统都有可能演变成强迫行为。这里的职责指的是什么呢？它们的职责就是屏蔽你的意识，减轻你的痛苦。强迫行为的职责就是帮你做好逃避真相的准备。"

容易害羞的人其实也是依赖症患者。许多人都想要改变性格当中自己不喜欢的部分，并且确实在为之努力。但江山易改，本性难移。他们之所以改不了，是因为他们所讨厌的那部分性格实际上在保护他们，避免他们因直面真相而受伤。

强迫症式地工作就是在屏蔽人的意识。如果一件事能让人不必再意识到自己不想感知的事物，那么这件事，无论是什么事，它都可以变成一种强迫行为。

如果，只要我在工作，我就不会意识到自己的自卑感；只要我在跑步，我就不会意识到自己被喜欢的人抛弃这件事；只要我与他人见面，就不会意识到对未来的不安，那么这些行为就会演变成强迫行为。就算我想刻意停止这种行为也停止不了。

容易害羞这种性格的形成往往也是由于潜意识中的需要。容易害羞的人也想要与人亲近，但即便他们非常努力，也还是很难与人亲近。因为他们潜意识里对他人心怀恐惧和敌意。而通过害羞这一表现，他们就可以把"无法与人亲近"的问题归咎于害羞，而不必意识到自己心中的敌意了。

5.2　牵连他人

如果一个人非常自卑，那么为了逃离自卑感，他往往会美化自己，或者通过牵连他人克服自卑感。

为什么会出现这样的现象呢?

牵连他人解决自己内心冲突的人会变得越来越弱小。

弱小的人指的是，无论做什么都觉得仅凭一己之力无法做抉择的人。如果无法获得他人的认同，他们就无法发自内心地认同自己的抉择。无论什么内心冲突，如果不牵连他人就无法解决。他们必须得到他人的认同。

"亲子角色颠倒"就是一种典型的通过牵连他人解决内心冲突

的方式。

颠倒亲子角色的父母已经丧失了视自己为一个重要的人的能力。因此他们非常害怕被人讨厌，但如果行动的时候时刻注意着不要惹别人讨厌，"害怕别人讨厌自己"这种恐惧感反而会与日俱增。

无论对谁都要摆好脸色，这可以说是现代人的"精神瘟疫"，而这一现象在颠倒亲子角色的家庭中更为严重。颠倒亲子角色的父母害怕他们讨厌的家人讨厌自己。他们对孩子而言就像是一个戴着"爱"的面具的施虐狂。在依赖型的人际关系当中，当事人双方都不懂得如何爱自己，而且他们互相讨厌对方，却谁也离不开谁。

一个人接受他人、爱他人的程度不会超过他接受自己、爱自己的程度。

哈里·斯塔克·沙利文（Harry Stack Sullivan）①曾说"如果我

---

① 美国精神科医生、社会心理学家、美国著名精神医学家，精神分析的社会文化学派主要代表人物之一。沙利文对心理学的主要贡献之一是关于人格形成的学说，其人格理论又称作人际理论，著有《精神医学与社会科学的结合》等。——译者注

们无法尊重自己，就无法尊重和爱他人"，罗洛·梅对此非常认同，我也认为所言甚是。

受焦虑折磨而丧失了自信的父母就是如此，他们"无法尊重和爱"自己的孩子。但他们本人却一边依赖着孩子、不断榨取孩子的爱，一边自以为自己很尊重孩子。这实际上是一个谎言，为了避免自己因为意识到这个谎言而受到伤害，所以他们相信"自己是爱孩子的"，这种信念已经到了近乎盲目的地步。

像这样为了消除自身的无意义感而形成的人际关系就是依赖型人际关系。

比如，有一位母亲总是对孩子说"只要你过得幸福就好了，妈妈怎么样都无所谓"。

其实这是因为这位母亲忍受不了自我存在的无意义感，她面临着夫妻关系破裂的问题，却没有意志力和精力通过离婚解决问题。她找不到人生的希望和意义，她受不了这种感觉。

为了逃离痛苦，这位母亲开始依恋自己的孩子。孩子之于她，就如药物之于药物依赖症患者，她是不会轻易对自己的孩子放手的。

因为一旦离开了孩子，她就无法感受到人生的意义，所以无论她是讨厌孩子还是对孩子抱有其他什么情绪，她都无法离开孩子。

在依赖型人际关系中，当事人就算并不喜欢对方，也无法离开对方。罗洛·梅在谈及"追求权力意志的人"时是这么说的：

> "他们不会站在别人的立场上关心别人（care for），但却时常在照顾别人（take care of），除了自己的真心之外，其他的东西，包括金钱在内，他们可以一次又一次地给予对方。"

当照顾别人这件事有利于他们个人的利益时，他们就会当仁不让地照顾他人。换句话说，当照顾别人这件事能够成为他们的生活意义时，不论多麻烦他们都会义无反顾地照顾对方。因此，他们照顾的对象未必是人。这就跟打高尔夫的人爱保养球杆是一样的。

罗洛·梅是这么描述一位患者的父亲的：他可以给孩子钱，却给不了孩子真心。

我想，这样的人始终是焦虑的，他们通过给孩子钱来确认自身的优势所在，从而消除内心的焦虑。他们借由照顾别人消除焦虑、体会人生的意义。照顾他人其实就是"牵连他人"的其中一种手段。喜欢照顾他人的人分为两种，一种是真的发自内心地在照顾他人的人，另一种是为了回避内心的无意义感而照顾他人的人。

问题不在于照顾他人这一行为，而在于照顾他人的动机。如果一个人为了回避内心的孤独感、无力感、无意义感而与人产生交集，那么双方就会陷入依赖型的人际关系当中。

因此，虽然施虐狂和受虐狂二者的做法完全不同，但是从想逃离"令人难以忍受的孤独感"这一心理来看，二者是一致的。

如果出于这些动机交朋友，那么即便他们不喜欢对方，也会认为"那个人是我的好朋友"。即便在潜意识里讨厌对方，他们在意识里还是会认为对方是自己的好朋友。因为他们在潜意识里认为自己需要将那个他们讨厌的人视为好友。

到底该如何面对他人，这个问题在不停地蹂躏他们自身原本的情感。"他们自身原本的情感"是"我不想跟这个人交往，不想跟这些人交朋友，我想要不一样的交友关系，我想要接触不一样的世界，我所在的圈子实在太奇怪了，我想要拥抱更广阔的世界，我感觉自己的人生仿佛走错了某一步"。

但在现实中，他们尽管讨厌对方，却还是和对方成为好友，对对方摆出温柔的脸色。这是因为他们太孤独了，因为他们无法以"真实的自己"生活下去。

他们已经放弃了自己，因为孤独，所以即便讨厌对方也无法割舍和对方的关系，只能拖泥带水地一直保持着"意识里认为对方是朋友，但在潜意识中讨厌着对方"这种让人摸不着头脑的关系。

总而言之，自我疏离的人一旦和他人产生深入的交集，就会陷入"人际关系依赖症"。

如果人变得不像自己，后果之一就是患上人际关系依赖症。"我非我"的状态使人感到焦虑，甚至会让人毫无理由地杞人忧天。

而人一旦把人际关系放在第一位，就意味着放弃了真正的自己，丢失了真正的人生目的。虽然他们在努力，但是已经迷失生活的方向，所以他们在人生的道路上越走越迷茫。所以，父子关系的失败也可以成为日后朋友关系、恋人关系失败的原因。

儿时形成的对父亲的"服从和依赖"，就是在为高中时期形成不健康的朋友关系做铺垫，更进一步说，也是在为步入社会后形成不健康的恋爱关系做铺垫。

有的妻子即便丈夫总是撒酒疯甚至对她拳脚相向，也忍不住要对丈夫掏心掏肺。这是为什么？这都是"令人难以忍受的孤独感"使然。这种"难以忍受的孤独感"源自于"强烈的依赖心理"。她们为了逃离孤独感而奉献自我。只要为了丈夫奉献自我，她就可以逃离孤独。

正如弗瑞达·弗罗姆 – 瑞茨曼（Frieda Fromm-Reichmann）[①]所说，自我牺牲型的献身是重度依赖心理的表现。

有一个姐姐一边对患有赌博依赖症的弟弟说"这次是最后一次了，下不为例"，一边一次又一次地借钱给弟弟。这是为什么？因为姐姐太孤独了，她害怕如果不借钱给弟弟，姐弟关系就会破裂。

---

① 　德裔美籍心理分析师和心理治疗师。她被认为是应用心理分析治疗精神病的先驱之一，是新精神分析学的代表人物。——译者注

5.3　家人依赖症

对家人抱有依恋心理的人应该努力尝试自立。

那些颠倒亲子角色的父母为了回避职场上的斗争而依恋家人。

他们对待家人的看法就是所谓的防御性价值观。如果肯定工作的价值，就会导致自我价值被剥夺。于是他们否定工作的价值，将家人视为唯一有价值的事物。但其实，一个人越是企图用防御性价值观来保卫自我价值，就越容易认为自己无能，越容易加重自己的自卑感。

"想要出人头地的人真是无聊透顶，那是堕落的人才追求的东西。"每当他们提出这种观点时，他们潜意识里对出人头地的憧憬则又加深了两三分。结果便是强化了"我是个无法出人头地的人"

这一自我印象，加深了他们对自己的绝望感。

这就是伊索寓言当中《狐狸与葡萄》的故事。狐狸心里其实是想吃葡萄的，但是他摘不到，于是他就告诉自己："葡萄很酸。"但是，人越是这么说就越想要"吃葡萄"，越是压抑"想吃葡萄"的愿望，越容易煽动心中想要批判他人的心理。

人之所以会强迫症式地批判他人，就是因为"想吃葡萄"这一被压抑的冲动或者说愿望。只要自己无休无止地批判他人，就可以屏蔽被自己压抑在心中的"想吃葡萄"的冲动或者说愿望。

人之所以会强迫症式地批判他人，原因就在于他们认为身边的人不认同自己，最终形成一个令人窒息的家庭。

这就是被隐藏起来的真正的育儿动机。在这种情况下，孩子往往会感受到莫名的压力。

有的父母在公司里无法如愿升职加薪，他们为了保卫自我价值免受自卑感的蹂躏，就会主张这样的价值观——"公司不过是无谓的东西，孩子才是最重要的"。如此，就可以忽视公司对自己的工作评价不高的事实。这种"对家人的爱"的价值就在于保卫自己。

父母的焦虑、对爱的饥渴感、无力感、在社会上的自卑感等，这些情感会戴着"对家人的爱"的面具出现在家人眼前。

这样的家庭就会培育出所谓的"听话的好孩子"。

这些父母到底以爱之名做了什么，这才是真正的问题所在。

比如，如果父母的占有欲很强，他们不会把自己的精力、能力用在自我成长上，而是想方设法地控制自己的孩子。

扬·亨德里克·范登贝尔赫所著《可疑的母爱》中有这样一句话："比起过度虚伪的爱，缺乏真实的爱对孩子而言更好受一些。"

过度保护、过度干涉是一个时常被批判的育儿问题，但父母们总把过度保护、过度干涉当作爱。

他们为了逃避夫妻关系不顺的事实，而在育儿问题上注入过多的精力。如果不把自己的精力集中到育儿上面，他们就会意识到夫妻关系陷入危机的问题。

现如今有许多家庭从社会层面上看非常理想，结果却培养出问题儿童，这大多是虚伪的爱过度所致。

这样的父母一旦心中产生冲突，就会试图控制他人。他们为了回避自己心中的问题，而将精力放在操控孩子上面，结果便养育出了一个个问题儿童。

只要他们一直叫嚷着"家人最重要"，就可以无视工作的价值。

"在做那些强迫行为时，他们就能屏蔽自己无法接受的信息。"乔治·温伯格说，"强迫行为为我们提供了逃避的场所。"

强迫行为之所以具有强迫性，正是因为它具有帮助人逃避问题的功能。

一直叫嚷着家人的重要性的人，从社会层面上说，与强迫症式地追求名望的人完全不同，他们的价值观是正相反的。

但其实从心理层面上说，二者是一致的。二者的共同点就在于他们的自我印象——"没有取得社会性成功的我是一个没有价值的人"。

家人依赖症患者拼命想要在自己面前掩藏一个"真相"是"我无法在这个充满竞争的社会赢到最后，我是一个没有自信的人"。而名声依赖症患者拼命想要掩藏的"真相"则是"我很焦虑。我只有比别人优越才能感到安心，我想通过追求名望来抹平心中的焦虑，我是一个没有自信的人"。

家人依赖症患者只要不停地叫嚷着"家人最重要！家人最重要"就可以逃避现实，但是这么做的代价不小。

首先，对他们而言，活着这件事将变得不再快乐。他们将丧失享受生活的能力、丧失沟通能力、丧失人格的统合性。

当一个人在持续地做强迫行为时，强迫行为以外的事情都将变得不再有趣。也就是说，这个人成了一个不幸体质的人。

乔治·温伯格曾言，强迫行为的优先度高于其他行为。

颠倒亲子角色的父母并不是真正将家人看得很重要，而是为了借由家人来满足自己对爱的饥渴。也就是说，此前，父母的幼儿式愿望没有得到满足，因此现在他们便试图通过对孩子撒娇的方式来满足自己的幼儿式愿望。

如果父母能够意识到自己潜意识中的幼儿式愿望，他们的孩子一定可以成长得更加健康，不仅如此，父母自身也能实现进一步的自我成长。

5.4 为控制而爱

颠倒亲子角色的父母一边不停地告诉孩子"你一定要出人头地",一边不停地给他们灌输"出人头地是无谓的"之类的观念,给他们输送互相矛盾的信息。孩子的沟通能力就是这样被摧毁的。

颠倒亲子角色的父母从不曾认真面对现实,尝试解决问题,而是通过牵连孩子的方式解决内心的冲突。

他们一开始建立的亲子关系就是错误的,因为双方都在逃避现实。

比如,一位母亲面临着夫妻关系破裂的问题,却不愿承认这一点,而把所有精力都花费在孩子身上,这就会演变成为对孩子的过度保护。

对这位母亲而言，把精力放在孩子身上，是一种强迫行为。如果她不想面对夫妻关系破裂的问题，就不得不过度干涉孩子。就算她觉得不能再这么继续干涉下去了，也控制不住自己。

因为如果不这么做，夫妻关系破裂的问题就会赤裸裸地暴露在她的面前。但只要她过度干涉孩子，就可以无视夫妻之间的感情危机。所以，就算她想要离开孩子也做不到。

颠倒亲子角色的父母会永无止境地向孩子提出极高的期望，并要求孩子实现他们的期望。他们对孩子的期望之高可以用不切实际来形容，这是一种"神经症需要"。

其实这样的父母在心理层面上已经处于濒临溺死的状态，他们已经奄奄一息了，所以他们依恋着自己的孩子。他们对孩子提出了各种各样的"神经症需要"，这些要求就如同他们的救生圈一样。

濒临溺死的父母会拼尽全力抓住这个名为孩子的救生圈。就算他们能停止这种对孩子提出过高期望的行为，也不想停下来。一旦停下来，他们就不得不面对夫妻关系破裂的问题。

颠倒亲子角色的父母如果不依恋着孩子，就必须面对自己的人生已经走投无路这一现实。

其实，依恋的对象未必是"物品"。

孩子也好，工作也好，玩乐也好，只要可以让自己逃避真相，什么都可以。

卡伦·霍妮曾有如下表述。

"他们在日常生活中总是永无止境地给身边的人提出近乎不切实际的高难度要求。"

"他们企图将他人奴隶化。"

当一个施虐狂以施虐狂的身份出现在世人眼前时，我们尚有计可施。但如果施虐狂戴着善意的面具出现在世人眼前，应付起来则颇为棘手。

爱成了施虐狂的借口。这就是弗洛姆所说的"善意的施虐"，卡伦·霍妮将之称为"虐爱"。他们就是隐形的施虐狂。

施虐狂会千方百计将他们所爱的人变为自己的奴隶。这是由神经症式的夫妻关系构成而引起的一种现象。结果，在受虐者眼里，这段关系就显得仿佛是有价值的。

接着，施虐狂会进一步孤立对方。他们一边在对方面前强调拥有对方给自己带来了多大的压力，一边贬低对方，给对方施加压力，左右开弓将对方逼至完全依赖自己的状态。

他们对孩子的爱不过是为了控制孩子而编造的借口而已，表达爱也不过是为了将对方变成自己的奴隶而已。

"虐爱"发生在亲子关系当中，那就是悲剧。

他们在夫妻关系中试图将配偶变为自己的奴隶，但是失败了，于是他们就企图通过颠倒亲子角色将孩子变为自己的奴隶。

上文也提过很多次，在过往所有的人际交往中屡屡受挫的人最终会对孩子产生依恋心理。这就是神经症式的"亲子角色颠倒"。

绝望的人通过奴役身边的人而苟延残喘于世，但有时候会出现他们身边的人包括恋人、配偶等拒绝被奴役的情况。最后他们只能将魔爪伸向自己的孩子，这就是颠倒亲子角色的父母的惯用做法。

　　"要想逃离焦虑，不仅仅只有和他人维持共生关系这一个办法，还可以通过控制他人、战胜他人，或者使他人遵从自己的意志实现。如果我们只能通过使他人遵循我们的意志的方式来拯救焦虑的自己，那么我们就不可避免地会通过本质上带有攻击性的方法来缓解自身的焦虑。"

共生关系听起来像是一种非常理想的关系，但其实并非如此。罗洛·梅的原话是寄生关系。

寄生虫因为栖息在寄主体内，所以它与寄主的关系可以被称为寄生关系；爬山虎与树木共同生长，所以它与树木的关系也可以被称为寄生关系。亲子之间的共生关系却并不像这个词听起来那么美好。

"让他人遵循自己的意志"不是直接向对方表明自己的想法的意思。攻击性会经过乔装打扮以各式各样的形式显露在人前，包括以恩人自居、胡搅蛮缠、以爱之名施虐、阴险的隐形欺凌、卖惨，等等。

比如，焦虑的父母会企图通过控制孩子，让孩子按照自己的意愿行动逃离焦虑。因此，当孩子不遵从父母的意愿时，父母就会感到焦虑，甚至勃然大怒。但这时候他们也并不会直接表现出内心的愤怒。他们会搬出一套套做人的道理，喋喋不休地谴责对方。

这样的父母虽然在外人面前以孩子为傲，但其实对孩子本身并不关心。总之，对他们而言，最重要的是他们自己。这就是极度自恋的表现。

"他们将维系与他人的共生关系理解成战胜他人、让他人遵循自己的意志。"

这样的父母把孩子的自立理解成对自己的攻击。因此当孩子表现出自立的态度时，他们就会极力抵触。

从心理层面上来讲，孩子的自立对这些父母而言是一个生死攸关的问题，是一个不是你死就是我亡的问题。可以说他们是带着死亡的觉悟在和孩子的自立行为做斗争。

"敌意和焦虑之间存在相互关系是已经得到实证的临床事实。"

这些父母一直担心着自己的孩子哪一天会变得自立起来，这种焦虑深不见底。此时，在他们心中涌出的对孩子的敌意也同样深不可测。

　　"焦虑的人心中往往怀有莫大的敌意，这在临床中是很常见的一个现象。"

　　于是，这群颠倒亲子角色的父母们便试图通过完全控制孩子消除自身的敌意。为了使孩子处于自己的控制之下，他们甚至会在家里孤立那个孩子。比如，偏偏不叫那个孩子吃饭、不带那个孩子去旅行，等等。

　　上文曾提到，有的父母会跟其他孩子一起排挤、欺负某一个孩子。有人可能会说"怎么会有这种事"！他们会这么说也是因为他们不理解颠倒亲子角色的父母心中的焦虑。人为了逃离焦虑几乎什么事情都干得出来。

　　如上文所述，"令人绝望的痛苦使人变成一个对他人而言有毒的人"。换句话说，父母所感受到的令人绝望的痛苦，最终会以"亲子角色颠倒"这种有害的方式呈现出来。

　　在令人绝望的亲子关系中形成的共生是具备攻击性的，因此亲子角色被颠倒时，就是孩子受到父母的攻击之时。孩子明明身受攻击，却认为自己是被父母爱着的，他们被迫去感受父母的爱。

如前文所述，这种自相矛盾的要求会摧毁孩子的沟通能力。要想与人沟通，前提是双方互相正确地理解对方。但是，在此书论述的亲子关系当中，父母禁止孩子正确地理解他们。因此，在亲子角色颠倒的家庭中，孩子对父母抱有扭曲的期望。

谁都希望自己觉得重要的人关心自己。即使父母对孩子的关心是对自己的所有物的、近乎自恋的关心，孩子也会感觉到自己是被关心着的，父母也会假装关心孩子。这给他们带来了一种相爱相惜的错觉，以至于在寄生关系当中，对任何一方而言，失去另一方都将形成莫大的冲击。寄生关系会诱发攻击性行为，有时也会出现父母对孩子漠不关心的情况。

部分案例中焦虑的父母不愿与孩子产生密切交集，他们接近强迫症式地追名逐利。也就是说，这些焦虑的父母不是患上了家人依赖症，就是患上了名望依赖症。只不过从顺序上来讲，他们通常都会先患上名望依赖症，然后在追名逐利的过程中受挫，从而患上家人依赖症。

　　在报纸等许多媒体上都可以看到"这位父亲非常宠爱孩子"
之类的表述。宠爱孩子跟理解孩子的心声是两回事。人们口中所
说的"宠爱孩子的父亲"大多数情况下都是"神经症患者"。报纸
等媒体所说的"宠爱孩子"的行为其实是出于父母对爱的饥渴感。

　　"患有神经症的父母通常都热衷于向孩子展示他们过度的爱，
他们通过爱抚的方式，诱发出孩子们体内易患神经症的属性，这
一点是毋庸置疑的。"

　　父母对孩子抱有敌意，但受到反向形成的影响，有时他们会
过度地爱自己的孩子。也就是说，患有神经症的父母抑制了自己
对孩子的敌意，但出于反向形成的心理，他们会夸耀自己对孩子
过度的爱。

　　颠倒亲子角色的父母通常会要求孩子爱他们。如果孩子没有
回应他们这种幼儿式的对爱的需求，他们就会对孩子发火。他们
会责备孩子"你怎么能这样"使孩子觉得"自己不配生活在这个
世上"。

　　换句话说，当父母对孩子提出了不现实的要求，而孩子无法

回应父母的要求时，孩子就会觉得"自己是个不值得活在这个世上的人"。

孩子会因此产生自我厌恶的心理。在"亲子角色颠倒"的环境下成长，是造成自我蔑视的一大原因。

也就是说，在"亲子角色颠倒"的环境下长大的人，无论日后取得了多大的成就，在潜意识世界里，他们始终在蔑视自己。

贫困的循环可以引起广泛的社会关注，但自我蔑视的循环却无人瞩目。有句话说"情绪不成熟的父母没耐心等孩子自然成长"，也是同样的道理。父母在内心中都希望孩子成长得越快越好。但在正常情况下，父母们知道对孩子而言，利己主义是正常的，所以并不会强求孩子爱他人或者理解他人的立场。但患有神经症的父母却会对孩子提出这样的要求。

如果孩子不理解自己有多忙碌、有多辛苦，他们就会发怒。普通父母听了他们的要求恐怕会说："就算给孩子提出这样的要求，他们也办不到呀。"而如果因为无法达到父母的要求被骂，这将给孩子们带来难以承受的压力。但这并不是父母的个人主张，而是一种"神经症需要"。

　　长大之后因为一些细微的失败而丧失自信、感到绝望的人，通常小时候都曾被要求达到某些不切实际的高标准，从而体会到"真实的自己无法回应别人的期望"的感觉。

　　一个被爱过的孩子会主动离开对他提出不切实际的高标准的人。但如果身边的人总是拿着这样的标准去评判一个孩子，那么这个孩子就是一个不被爱的人。这些孩子对爱的饥渴感会非常强烈。

　　他们无法自立，一直依恋着一个完全不接受自己的人。他们拼尽全力只为了回应那个自己觉得重要的人对自己的期望。他们的父母想让他们成功，也只是因为父母在社会上受挫，所以想报复社会而已。于是孩子就成了父母——复仇者的牺牲品。

　　比如，在有的案例中，父亲总是给孩子灌输一些不现实的观念，比如"你一定要功成名就""一定要成为一个震古烁今的伟人"，等等。其实，这位父亲和妻子的关系并不融洽。或者说，对他而言，妻子并非妻子。

　　倒不如说是孩子在扮演妻子的角色。如果夫妻关系正常，那么丈夫在社会上受挫之后便可以通过夫妻关系处理挫折带来的心理问题。但是他之所以想要借助孩子的成功克服这些问题，正是因为通过夫妻关系解决问题这条路走不通，因此他便开始颠倒亲子角色。

在有些案例中，母亲期望孩子替她解决自己的心理问题，对她而言，孩子就成了丈夫的替代品。如果她和丈夫关系融洽，她便不需要孩子这么做。在有些案例中，父亲期望孩子替他解决自己的心理问题，对他而言，孩子就成了妻子的替代品。也就是说，这些对孩子抱有过多期望的父母无法与他人建立对等的关系。

通常，对孩子抱有过多期望的人都面临着夫妻关系破裂的问题。他们可以试着反省一下自己和伴侣的关系。

可以说，如果一位父亲颠倒了亲子角色，其实是因为他把原本应该向自己的妻子以及母亲寻求的东西，全部转移到了孩子身上。而且，从质量和数量两方面来说，他们向孩子索要的东西远远超过了他们向父母和配偶寻求的东西。一旦没有得到满足，他们的不满也更加强烈。

5.5　否认现实的父母和孩子

　　"自我尚未确立"的心理状态在日常生活中是如何体现出来的呢？这一心理既体现在自我合理化和对现实的否认上，也体现在罗洛·梅所说的"对焦虑的消极回避"上。

　　颠倒亲子角色的父亲往往都是缺乏自信的人。他们没有直面现实的勇气，遇到困难首先想的就是逃避，并试图将逃避困难这一事实合理化。

　　举个例子，他们生气、责备孩子的同时，还会把令人难以置信的谎言挂在嘴边，比如"都是为了教育孩子"。当然，他们即便撒了谎，也不自知。虽然他们在潜意识里知道那是谎言，但在意识里并不这么认为，而且还会将其合理化。

生于奥地利的精神科医生贝兰·沃尔夫将颠倒亲子角色的父母称为"退缩型神经症"。

他们不敢直面现实而选择退缩，不敢直面人生的战场而选择退缩。他们就如同巨婴一般，一言以蔽之，内心的冲突越严重的父母越不敢直面现实。

人心越脆弱，就越倾向于选择逃避现实这条容易走的路，也更容易因为人生不顺而对他人产生恨意，并且是从心底憎恨对方。人往往就是在产生这些情绪的时候放弃努力生活的。

放弃了努力生活的父母会责备孩子："只有我一个人这么辛苦，而你们却不体谅我。"这是在通过责备他人逃离痛苦。

颠倒亲子角色的父母越是没有勇气，越是要向他人夸耀自己有多么勇敢。明明胆小如鼠，却总说一些天不怕地不怕的话，只有嘴上功夫而没有执行能力。他们之所以爱说大话，是因为他们在潜意识里缺乏自信，也就是所谓的"反向形成"。

如前文所述，颠倒亲子角色的父母总企图将自己的行为合理化，除此之外，他们还总是极力地否认现实。

　　明明孩子很不幸，他们却硬说"你真是幸福的孩子"，否认孩子是不幸的这一事实。当然，他们也会否认自己的不幸，偏要说"这世上没有像我这么幸福的人了"。总而言之，由于缺乏自信，颠倒亲子角色的父母总是自吹自擂、批判他人。

　　如上文所述，这就是罗洛·梅所说的"对焦虑的消极回避"。他们企图通过把孩子牵连进来的方式，解决自己所有的心理冲突。正因为他们试图借由亲子关系解决内心所有的冲突，才会引发严重的欺凌问题。

　　已经实现了自我的人可以在自我实现的过程中解决矛盾。他们不会通过施虐或者受虐的方式消除自己的无力感，而是通过自我实现的方式解决问题。

　　"亲子角色颠倒"的恶劣之处在于父母总是向孩子施加恐惧感。他们不厌其烦、喋喋不休地指责孩子。因为他们如果不指责孩子，就无法忽视自己的缺点。

　　有的父母整天摆着一张不满的脸，时时刻刻都在指责孩子身上的细微缺点。那是因为只要他们不停地指责孩子，就可以忽视自己的缺点。一旦停止对孩子的指责，他们就不得不去面对那

"令人无奈的现实"。

父母欺凌孩子的理由有很多。比如，有一位颠倒亲子角色的父亲，年轻的时候为了获得父亲的认可，想成为一个强大的男人而在社会上奋力挣扎，但事实上他失败了。于是他只好虚张声势，对自己所在的公司嗤之以鼻。他总是不把世间的厉害人物放在眼里，那是因为他想成为能被父亲认同的"厉害的男人"，但却未能如愿以偿。

想成为能被父亲认同的男人这个"愿望"与"现实的自己"之间的巨大差距引发了他的强烈的自卑感。他总是给孩子提出不切实际的超高要求，其实那既是对孩子的要求，也是在向自己的父亲发出无声的叫喊："您看我的水平就是这么高。"还有的人在朝自己的父亲"叫喊"着："求求您认同我！"

颠倒亲子角色的父母有时会把恋人当作代理妈妈，但他们失败了。如果身边没有可以担任代理妈妈的人，他们就会"颠倒亲子角色"，让孩子来担任代理妈妈，将孩子逼入神经症的绝境之中。

在这种情况下，父亲甚至还会被当作"宠爱孩子的人"饱受褒奖。

在"亲子角色颠倒"的案例中，"宠爱孩子"这一行为的丑陋本质被掩盖起来，虚伪的表象反而受到世人赞赏。总而言之，"颠倒亲子角色"的父母其实都是神经症患者，但他们并不自知。他们对人际关系的定位是错乱的。

施虐狂深信自己是"懂得爱人的人"，是"世界上最棒的父母"。他们并没有自我认知。

"人贵在有自知之明。"

希望所有颠倒亲子角色的父母都能听听上面这句话。

心灵与才智是密不可分的。"人要讲究 EQ（情商），而不是 IQ（智商）"的说法曾风靡一时。所谓 EQ，其核心就是对自我情感的认知。而且，要发挥出自身的 IQ 能力，前提是要有足够高的 EQ。

颠倒亲子角色的父母虽然有的才华出众，但遗憾的是他们心智不足。颠倒亲子角色的父母就算才华再出众，也没有任何意义。

丹尼尔·戈尔曼在其著作《情商：为什么情商比智商更重要》一书中指出，高 EQ 的父母养育的孩子更善于处理自己的情感。

反之，颠倒亲子角色的父母则会摧毁孩子的心灵。

可怕之处在于，不仅仅他们的自我认知是错误的，连周围的世界对他们的认知也是错误的。比如，媒体会把他们写成"宠爱孩子的人"。孩子就成了其中的牺牲品。因此才会出现母亲说着"我们家每天都过得很开心"，而孩子却跳楼自杀的案件。有时候，孩子在意识里觉得很开心，但在潜意识里却痛苦得想一死了之。

在"亲子角色颠倒"的案例中，意识和潜意识相悖的现象在亲子双方身上都能看到。

父母在意识里觉得自己深爱着孩子，而在潜意识里却十分厌恶自己的孩子。不论是父母、孩子、媒体，统统都活在一个与现实无关的、由错觉构建起来的世界里。

5.6　名为“好孩子”的牺牲者

在大多数由好孩子引发的社会性事件当中，这些“好孩子”都沦为了家人固定的负面情感发泄口。

在一个病态家庭当中，必定有一个人在担任情感垃圾处理场的角色。得克萨斯女子大学社会学副教授瓦莱丽·马尔霍特拉·班兹（Valerie Malhotra Bentz）曾说过，“家庭星座”中存在此类牺牲者。“星座”这个说法，也就是说牺牲者这一“星位”被切切实实地编排进了“家庭”这一星座当中。

班兹提到，有的牺牲者“一直”被当作负面情感的发泄口。这些孩子仿佛成了固定的垃圾处理场。换句话说，并不是其他家人偶尔将负面情感发泄在某个孩子身上，而是全家人都默认这个孩子的作用就是大家的"情感垃圾处理场"。

如果把家庭比作一个星座，那么"好孩子"所在的星位就是一个情感垃圾处理场，"好孩子"的职责就是成为牺牲者。不仅如此，更可怕的是，明明所有人都以牺牲那个孩子为前提在生活，大家对此心知肚明，但个个都在装糊涂。

班兹说，如果那个孩子未能充分履行好自己作为一个情绪垃圾场的职责，就会受到父母的蔑视。但我认为，不仅是父母，其他家人也会瞧不起那个"好孩子"。

换句话说，"是大家一起决定将那个孩子当作情绪垃圾处理场的"，从这个意义上说，那个孩子并不是家庭的一员。如果他不是一个好的情绪垃圾处理场，就会受到家人的蔑视，而且那个"好孩子"本身也接受了这个设定。

以前人们说的"贤惠的妻子"，其实对于她身边那群任性妄为的人而言，她不过是一个"呼之即来挥之即去"的人而已。在一群狡猾的人当中，如果有人被评价为"好人"，那就意味着那个人是牺牲者。

　　情绪垃圾处理场就是指被颠倒亲子角色的孩子。孩子承担起了"情绪发泄口"的角色，所以便沦为了垃圾场。但如果是由父母来承担这一角色，他们并不会沦为情绪垃圾处理场。因为这时父母将起到促进家人成长的作用，能够帮助孩子解决内心的冲突。

　　当父母承担这一角色时，他们的职责就是尽量体恤家人的心情，也就是一个领导者的职责。当实力雄厚的人来承担这一角色时，他们将成为家中的顶梁柱，但如果是实力最薄弱的人，则会沦为"垃圾处理场"。

　　因此，对于所谓的"好孩子"而言，没有什么是值得信赖的。因为他们自己本身就时常撒谎，为了保护自身的安全一直在撒谎。明明是讨厌的东西，他们却会说"喜欢"。又或者将自己觉得"很美好"的事物说成是"无聊透顶"的东西。

　　这其实都是在投父母所好，都是为了不败父母的兴致。"好孩子"就是这般迎合自己父母的。即使他觉得"那个人真是个懦夫"，但为了让父母高兴，他们也会说"那个人真是伟大"。渐渐地，他们便不再会有撒谎的感觉，也就是说他们逐渐丧失了自身的情感。他们就这样一直过着颠倒亲子角色的生活。

　　每个人都有自己的情感，但只有当一个人即便直率地表达出自己的情感，自身的安全也能得到保障时，他才能学会直率地表达自己的情感。

　　能信任他人的孩子当然也曾经被父母责骂过，但是这样的孩子可以感受到怒意背后的父爱和母爱。

　　班兹的著作中曾提到一位女性，文中是这么描述她的："儿童时期的任务没有完成。"正如班兹所言，这位女性就是没有完成儿童时期该完成的工作。结果体现在，她对待他人极其严格的态度上。需求不满的她对孩子也抱有极高的期望。如果孩子成绩不好她就会责骂孩子，导致孩子情绪不稳定。她之所以会责骂孩子，是因为自己小时候是被骂大的。如果不学习，不帮家人的忙，她就会挨骂。成长过程中一直挨骂的人，长大之后也会责骂身边的人。

　　如果大家一起说某个孩子的坏话，排挤某个孩子，不明真相的人会觉得是那个孩子不对。但其实是被欺凌的孩子在扮演着情绪垃圾场的角色。

　　这些担任家人的情绪垃圾处理场的牺牲者们，他们的怒意在不知不觉之中已然积攒成一个庞然大物，被储存在他们的潜意识中。他们愤怒的点在于不公平。虽然他们因受到了不公平的对待而怒火中烧，但他们绝不会对外表露自己的愤怒，于是这些愤怒便被日复一日地积攒了下来。

等他们长大后，这些愤怒便以各种形式被合理化，然后流露出来，或者乔装打扮成别的模样出现在人前。上文所说的对身边的人寄予过高的期望也是其中一种形式。更为严重的是，在日常生活中，即便事实上他们并没有受到不公的对待，他们也会认为自己遭受到了不公。

总之，他们平日里之所以会感受到各种各样的怒意，其实是因为小时候遭受了不公的对待，当时感受到的愤怒一直被积攒在他们的潜意识里，待他们长大后，这些愤怒一旦被刺激就会喷涌而出。如果无法意识到这一点，他们的心就永远得不到宽慰。

5.7　一味否定

那么究竟在"亲子角色颠倒"的环境下长大的人会变成什么样呢?

无疑,他们心中会产生基本焦虑。

帮助孩子解决内心的冲突本是父母的职责,但因为亲子角色被颠倒,孩子成了协助父母解决内心冲突的小帮手。激励孩子成长原本是父母的职责,但因为亲子角色被颠倒,就变成了孩子负责激励父母成长。这样的事孩子怎么可能做得到呢?因此,在"亲子角色颠倒"的环境下长大的孩子,就是一群背负着不可能实现的职责生活的人。

从未有人接受真实的他们，不论这个真实的自我是好是坏。父母总是强迫他们："你必须成为一个这样那样的人。"他们也不得不对父母言听计从。当然，对情绪不成熟的父母而言，孩子所"必须成为的人"就是一个在父母面前呼之即来挥之即去的人。而且孩子必须百分百做到这一点。百分百满足神经症父母的要求，对孩子而言，就是要全盘否定真实的自己。"必须百分百做到"，这种完美主义的思想将折磨他们一辈子，至死方休。从未有人允许他们做真实的自己，因为真实的自己是不完美的。

再者，孩子本就不是能为父母填满欲壑的人。但他们却被要求成为一个"完美的自己"，如果不能成为完美的自己，就没有活着的价值。

当一个人说"我从小无父无母"时，大家都会觉得"好可怜"，会对那个人展现自己的同情心。如果说"无父无母"是一无所有的"零分状态"，那么"亲子角色颠倒"就是"负分状态"。他们不仅一无所有，还要不停地被折磨。他们不仅从未受到鼓励，还不得不去鼓励别人。

当一个小孩受父母欺凌时，大家都会说"好可怜"。但发生

"亲子角色颠倒"时，孩子明明饱受父母欺凌，却被周围的人误解成"备受宠爱"。所以，在"亲子角色颠倒"的环境下长大的孩子不得不承受四面八方纷至沓来的痛苦。

人只有在真实的自己获得肯定时，才能实现心理层面的成长。但在"亲子角色颠倒"的情况下，真实的自己被全盘否定了。

人若生活在这种环境下，即便长大成年，基本焦虑也依旧盘踞在他们的心灵深处。因为真实的自我无法被人接受，所以不满和焦虑始终堆积在他们的心底。更严重的是，他们的心底因此充满了怒意。

正因为心灵的根源被攻击性和怒意侵蚀，所以他们才会对自己、对身边的世界缺乏安心感。这导致他们一直被"这样下去不行"的焦虑心理所折磨。

不论是自己好的部分还是坏的部分，能接受自己这个矛盾个体的，只有儿时的父母。没有人能接受一个已经长大成年的矛盾个体。否则，这个社会就无法成立。社会之所以能成立，正是因为好的坏的二者泾渭分明。

人是矛盾的个体。但马斯洛说，实现了自我的人能忍受矛盾。

"亲子角色颠倒"全盘否定了这种自我实现。

　　要想在这样的环境下实现自己的潜在可能性，简直是天方夜谭。对他们而言，要想存活下去，唯一的条件不是实现自己的潜在可能性，而是满足父母撒娇的诉求。这么做的后果直到他们长大成年之后才会显露出来。

　　被压抑的心理会乔装打扮成其他模样表露出来，比如毫无理由的坐立不安、毫无理由的焦虑、毫无理由的不耐烦、毫无理由的不快……

　　在"亲子角色颠倒"的环境下长大的人不知"共同体"为何物，换言之，他们不知道什么是真正意义上的"家人"和"亲子关系"。

　　这将给人的生活方式带来决定性的影响。

　　没有体会过"共同体"为何物，也就是说他们的生活中只有自己，"没有他人"。他们根本没有与他人"一起"生活的概念。

　　如果一个人在"亲子角色颠倒"的环境下长大，那么他身边的人就必须时常刻意提醒他们："我就在你身边！"在"亲子角色颠倒"的环境下长大的人从小就是一个人，谁都不曾体谅他们的心情。他们每天一早醒来首先听到的就是对自己的要求，要求他们"要这么做""要表现出这种感受""要这么说""要这么想"……结果他们就会对做不到这些的自己感到愤怒，所以他们总是很焦虑。

如果能按照父母要求的那样去想、去感受，父母就能接受自己。但是父母的要求本身就是自相矛盾的，导致他们无法完全被父母接受，但即便如此他们还是为了让父母能接受自己而拼命努力。最终他们便失去了沟通能力。

在"亲子角色颠倒"的环境下长大的人都会失去让自己变得幸福的能力。反过来说，他们潜意识里总是害怕"被孤立、被放逐"。

他们无法以"真实的自己"这个身份生活，这让他们感到焦虑、让他们筋疲力尽。也就是说，他们的内心深处产生了怒意。长此以往，他们的情感自然而然就枯竭了。他们将患上了述情障碍，也叫作情感失认症。它并不是指人没有感情，而是指人无法把握、表达情感，缺乏对自我情感的认知能力。

述情障碍患者害怕认识自身的情感。因为如果他们自身的情感与养育者的期望相悖，他们就会无休无止地被谴责，直至他们的心灵千疮百孔，也就是心理层面上的死亡。因此，他们害怕面对自身的情感。

他们只要迎合父母就能得到保护，这不像大家常说的"保护与迎合"的关系那么简单，这是一个生死攸关的抉择。一个人在迎合他人时虽然没有自我，但对于对方的要求他们还是有"厌恶"意识的。但是，在"亲子角色颠倒"的环境下长大的人却没有"厌恶"的意识。只有变成一个全方位符合父母期望的人，才能存活下去，这是他们的生存条件。如果带着个人的情感，他们就无法在"亲子角色颠倒"的环境中常年生活下去。

卡伦·霍妮说过的自我蔑视的第三个特征是"允许他人虐待自己"。最典型的例子就是"亲子角色颠倒"案例中的孩子任由父母摆布自己。因此，从心理层面上来说，他们无家可归，深陷心灵的牢狱之中。

被颠倒亲子角色的孩子，通常都会全盘否定自我。但也有人长大之后，受到反向形成的影响，变成一个全盘肯定自我的人。但这种自我肯定是一种反向形成，而非真正的自信。说得具体一点儿，当他们需要鼓励时，却被迫鼓励父母。当他们需要被体谅时，却被迫体谅父母的心情。

有时他们长大成年后，受反向形成的影响，这种自我否定会乔装成完美主义、神经症式的野心、复仇心理等显露在人前。

在"亲子角色颠倒"的环境下生活的人，从儿时开始就一直都在被迫否定自己，其危害绝不容小觑。

5.8　如何获得幸福

在"亲子角色颠倒"的环境下长大的人在全盘否定自我的同时，还要被迫认为"自己比谁都获得了更多的爱"。这彻彻底底地摧毁了他们的沟通能力。

可以说，在"亲子角色颠倒"的环境下长大的人，其基本焦虑的程度之深远远超乎常人。

如果不停地被父母责骂，大多数孩子在这种情况下都容易产生自责的念头，什么事都觉得是自己的错。这很可能导致他们自轻自贱，被精明的人当作冤大头。

他们当中也有人为了克服基本焦虑而接近强迫症式地追名逐

利，那就是名望依赖症。他们认为只要博得名望，就能摆脱内心的屈辱感。

他们中也有人成了工作狂，不工作就浑身不自在。他们只有拼命努力追求名望或投入到自己的工作当中，才能回避心中的焦虑。

自卑感越强的父母越会要求孩子取得社会性的成功。但又由于父母本身并没有取得成功，所以他们一直向孩子灌输一个强烈的观念——社会性的成功是没有价值的。为了达成一个没有价值的目标，孩子被迫拼命努力。尽管父母一直给自己灌输自相矛盾的信息，但孩子在心理上还是依赖着父母。

父母心中的矛盾，孩子照单全收，完全没有在心里给自己的正常情感留一点儿空间。这也意味着沟通能力的丧失，同时这将使他们失去心灵的支柱。

在"亲子角色颠倒"的环境下长大的人一直过着空洞的生活，也就是说，他们陷入了毫无个人意志可言的、自我疏离的状态。一旦他们有了个人意志，就无法存活于世。

他们无法获得生存的实感，一旦有了生存的实感，他们就无法继续生存下去。

即便他们日夜兼程、马不停蹄地工作，也没有工作的实感，所以他们渴求一个可视的结果告诉他们"你已经工作过了"，渴望通过业绩确认自己"已经工作过了"。过程是重要的，但对于自我疏离的人而言，重要的只有结果。

孩子们因为勉强自己去做自己不想做但符合父母期望的事，所以变得讨厌自己，也讨厌父母。孩子放弃了自我实现，做出了牺牲，所以对父母和自己都心生厌恶。当然，这些都是发生在潜意识世界里的事。被颠倒亲子角色的孩子总是不可避免地变成一个讨厌人类的人。他们见谁都讨厌，而且他们都深受严重的自卑感的折磨。

他们在潜意识里知道父母讨厌自己，但是在意识中却认为自己是被爱着的。因为如果他们不认为自己的父母是"充满爱的父母"就会受到惩罚。这也会导致他们丧失沟通能力，使得他们失去心灵的支柱。

颠倒亲子角色的父母会命令孩子理解和接受他们。父母禁止孩子察觉到自己心中的敌意。因为发现被察觉的征兆将使父母陷入岌岌可危的境地，所以他们便强烈地责备孩子。

这些父母自身的人格充满矛盾，他们要求孩子替他们解决矛盾。他们既要求孩子疏离他们，同时又要求孩子与之亲近，这明显是不可能的。

但如果孩子无法化"不可能"变为"可能"，就会受到惩罚。

父母拒绝孩子亲近自己，但也拒绝孩子远离自己。他们一边要求孩子喜欢自己，一边要求孩子把他们当作最喜欢的人，但同时又对被孩子喜欢这件事感到抗拒。

在这种情况下，孩子会迷失自我也在情理之中。

颠倒亲子角色的父母和被颠倒亲子角色的孩子，都迷失了自我，因而都无法离开对方。

总而言之，在这样的环境下长大的人都丧失了沟通能力，这将导致他们失去心灵的支柱，一言以蔽之就是无法感觉到活着的幸福。

解决的途径只有一个，就是离开对方。那么如何才能离开对方呢？这需要孩子们找到自己真正喜欢的人。只要孩子们找到喜欢的人，就能离开父母。当然这不是一步到位、立竿见影的。亲子双方必定要经历种种冲突之后才能真正离开对方。

　　比较好的解决方法就是学会享受人与人的不同。要认识到世界上有的人内心冲突堆积成山，也有的人心如止水、气定神闲，要学会享受这种人与人的不同。就像在动物园里看不同的动物是一种享受一样，我们需要做的是看遍世间形形色色的人，学会欣赏其中的不同。

　　要注意，审视一个人的时候，不要看权力的大小与金钱的多少，而应该看人格的高低。这是人为了获得幸福所应具备的基本态度。即使你很不幸，接近而立之年还生活在"亲子角色颠倒"的环境中，只要你能学会以这样的态度待人接物，一定能够拥抱幸福的未来。

后记

　　在"亲子角色颠倒"的关系中，亲子双方可谓"心患重疾"，因此他们难以离开对方。但是，父母与孩子终究不得不在某个节点分开。

　　据推断，有的国家每年约有 6 万个孩子受到了严重的家暴或死于家暴。仅此一项数据就能让大家意识到事态的重要性。但其实，那些没有被杀害但一直被父母摆布的孩子，比被杀害孩子还要更痛苦。但是，世人对"亲子角色颠倒"的关注度并不高。

　　我曾在某书中看到这样一句话："如今的父亲都成了孩子的朋友，因为他们没有当父亲的勇气。"

确实，当今社会上许多父亲并没有为人父应有的能力和意志。很多人认为既然自己的身份是父亲，那就必须尽职尽责努力扮演好父亲的角色。但其实，以他们的心理能力，他们无法胜任父亲一职。

也有许多男性想努力当好父亲却始终不合格，这是因为他们在心理上还是个小孩。他们的心理并没有成长到能胜任父亲一职的程度。因此，比起和孩子一起玩，他们更喜欢跟朋友们在一起，现在的他们还是跟高中时期的他们一模一样。

结果，父非父，家非家。

当今有些女性也是如此。无法当好父亲的男人和无法当好母亲的女人在一起组成家庭，就会导致孩子接连不断地出现问题。

如今世间的种种乱象与这个社会缺乏合格的父母不无关系。在现代社会中，人类最根本的需求得不到满足成了常态。

人类连"父母也失去了"。

父非父、母非母的现象带来的焦虑感让现代人步入了迷途。

"无父社会"这个话题曾经引起热烈的关注。但现在，人类不仅失去了"强大的父亲"，还失去了"温柔的母亲"。

本书不仅仅是一本对需求不满的父母进行心理剖析的书，我还希望各位能够通过本书理解这些父母的心理，进而理解这个世界。这本书就是基于这一问题意识写成的。

希望此书能帮助大家理解自己所处的世界。

此书得以付梓出版得益于中村由起人董事长和永上敬主编的指导，也离不开编辑井上晶子老师继拙作《一念天堂一念地狱》（『人生は捉え方しだい』）之后继续给予我大力的支持。

参考文献

［1］John Bowlby, Separation, Volume 2, Basic Books, A Subsidiary of Perseus Books, L.L.C.（1973）/ 黒田実郎、岡田洋子、吉田恒子訳『母子関係の理論　Ⅱ分離不安』岩崎学術出版社（1977年）

［2］Abraham H. Maslow, Toward a Psychology of Being, D. Van Nostrand Co., Inc.（1962）/ 上田吉一訳『完全なる人間』誠信書房（1964年）

［3］Karen Horney, Neurosis and Human Growth, W. W. NORTON & COMPANY（1950）

［4］Rollo May, Man's Search For Himself, W. W. NORTON & COMPANY（1953）/ 小野泰博訳『失われし自我を求めて』誠信書房（1970 年）

［5］Erich Fromm, The Heart of Man, Harper & Row Publishers, New York（1964）/ 鈴木重吉訳『悪について』紀伊國屋書店（1965 年）

［6］Karen Horney, The Neurotic Personality of Our Time, W. W. NORTON & COMPANY（1937）

［7］Karen Horney, The Unknown Karen Horney, Edited by Bernard J. Paris, Yale University Press（2000）

［8］George Weinberg & Dianne Rowe, Will Power!, St. Martin's Press, New York（1996）

［9］Erich Fromm, Man for Himself, Fawcett World Library, Inc.（1967）/ 谷口隆之助、早坂泰次郎訳『人間における自由』創元新社（1955 年）

［10］Manes Sperber, Masks of Loneliness, Macmillan Publishing Company（1974）

［11］Ellen J. Langer, Mindfulness, Da Capo Press（1990）/ 加藤諦三訳『心の「とらわれ」にサヨナラする心理学』PHP 研究所（2009 年）

［12］George Weinberg, Self Creation, St. Martin's Press New York（1978）/ 加藤諦三訳『自己創造の原則』三笠書房（1978 年）

［13］Rollo May, Love and Will, Dell Publishing Co., Inc.（1969）/ 小野泰博訳『愛と意志』誠信書房（1972 年）

［14］R. D. Laing & A. Esterson, Sanity, Madness and the Family / 笠原嘉、辻和子訳『狂気と家族』みすず書房（1972 年）

［15］Rollo May, The Meaning of Anxiety / 小野泰博訳『不安の人間学』誠信書房（1963 年）

［16］Daniel Goleman, Emotional Intelligence, Bantam Books（1995）/ 土屋京子訳『Ｅ Ｑ』講談社（1996 年）

［17］Valerie Malhotra Bentz, Becoming Mature, Aldine de Gruyter（1989）

［18］Marion Woodman, Addiction to Perfection, Inner City

Books（1982）

［19］Muriel James, Dorothy Jongeward, Born to Win, Addison-Wesley Publishing Company（1971）

［20］土居健郎『「甘え」の構造』弘文堂（1971 年）

作者简介

加藤谛三

1938 年生于东京。毕业于东京大学教养学部、教养学部研究生院社会学研究科硕士。现任早稻田大学名誉教授、哈佛大学赖肖尔日本研究所客座研究员。2016 年 11 月被日本政府授予"瑞宝中绶章"。

著有《稳：自洽地接住生命中的所有未知》《摆脱不安》《性格中的蜜与毒》《情感暴力》等畅销书。

译者简介

许源源

北京外国语大学日语学院翻译硕士毕业，现为自由译员。曾在首届国际人力资源协同发展高峰论坛、中日养老健康国际研讨会、Money20/20 全球金融科技创新大会等会议中参与中日同声传译工作。

版 权 声 明